KB163498

무기력에서
무를 빼는
가장 쉬운 방법

JIBUN WO 「YARUKI」 NI SASERU! SAIKYOU NO SHINRI TECHNIQUE

Copyright © 2017 Yoshihito Naito

Original Japanese edition published by Pal Publishing
Korean translation rights arranged with Pal Publishing through The English
Agency (Japan) Ltd. and Danny Hong Agency

무기력에서
무를 빼는
가장 쉬운 방법

나이토 요시히토 지음

김지윤 옮김

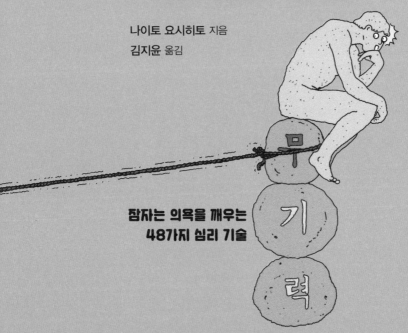

잠자는 의욕을 깨우는
48가지 심리 기술

흐름출판

무기력은 당신 잘못이 아닙니다

태어날 때부터 무기력한 사람이 있을까요? 심리학자인 제 관점에서는 없다고 생각합니다. 그런데 비즈니스 현장에서, 강연장에서, 상담실에서 만난 많은 사람들이 무기력을 자신의 천성인 것처럼 고백합니다. 그 많은 사람들이 "왜 저는 매사에 의욕이 나지 않을까요?"라고 자책합니다. 스스로도 '이대로는 안 된다!'고 느끼지만, 어떻게 해야 할지 모르겠다고 하소연합니다.

만사가 귀찮아요.

시작도 안 했는데 벌써 그만두고 싶어요.

나는 왜 끝까지 해내지 못할까요?

당신도 이런 고민을 하고 있나요? 이런 이들을 위해 무기력을 퇴치할 수 있는, 간단하지만 강력한 심리 기술을 소개하려고 합니다. 그런데 그전에 한 가지 다짐해야 할 것이 있습니다.

지금 이 순간부터 '어쩔 수 없어' '나는 원래 그런 사람이야'라는 자책과 이별합시다.

단언컨대 선천적으로 무기력한 사람은 없습니다. '믿는 대로 된다'는 말처럼 생각의 힘은 강합니다. 혹시 나도 모르게 자신을 부정적으로 평가하고 있다면 그 생각부터 버려야 변화할 수 있습니다.

무기력은 마음의 감기에 불과합니다. 의욕을 북돋는 심리 메커니즘과 테크닉만 익히면 얼마든지 치료가 가능합니다. 무기력에서 '무'를 빼는 가장 쉬운 방법이란 제목처럼 그 치료법은 간단하며 이미 검증되어 있습니다. 거창한 계획이나 세밀한 목표, 각고의 노력은 필요하지 않습니다. 해결책이라기엔 "겨우 이걸로 되겠어?" 하는 의심이 들 만큼 단순합니다. 그러나 효과는 확실합니다.

심리 테크닉 하나를 맛보기로 알려드리겠습니다. 프로 테니스 선수는 경기 중에 주의를 분산시키는 잡음을 무시하기 위해 자신의 라켓에 말을 거는 게이팅(gating)이란 방법을 사용합니다(44쪽 참조). 우리는 이 방법을 일상에 적용할 수 있습니다. 집중력이 떨어질 때마다 1분 정도 뾰족한 펜 끝을 쳐다보며 정신을 가다듬는 습관을 들이는 것입니다. 사소한 행동이지만 여러 번 계속하다 보면 조금씩 게이팅이 익숙해져서 나중에는 펜 끝을 바라보는 것만으로도 한순간에 몰입 상태에 돌입할 수 있습니다.

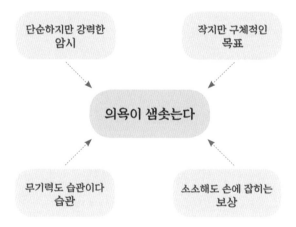

암시, 목표, 습관, 보상으로 구분되는 48가지 심리 기술은 당신 마음에 의욕을 샘솟게 해줄 것입니다. 변화를 열망하는

마음으로 이 책을 끝까지 읽어보기 바랍니다.

그런데 잠깐, 그리 두껍지도 않은 이 책조차 읽을 의욕이 없다면 어떻게 하냐고요? 주먹 쥐기(130쪽 참조)나 파워 포즈(123쪽 참조)처럼 의욕을 북돋는 자세를 취해보세요. 그리고 자신에게 암시를 걸어봅시다. "증거와 검증은 법정에나 따지는 거야. 나는 잘할 수 있다. 된다, 된다, 나는 된다."

사소한 변화가 인생을 바꿉니다. 모든 일에 적극적으로 대응하는 의욕적인 내 모습을 상상하며 아무쪼록 마지막까지 힘을 내 읽어봅시다.

심리학자
나이토 요시히토

차례

1장

사소한 행동이 인생을 바꾼다
– 단순하지만 강력한 암시 테크닉

사소한 행동이
인생을 바꾼다

무
기
력

**단순하지만 강력한
암시 테크닉**

이렇게 말합시다.
"나는 운이 참 좋은 사람이야"

·자기 충족 예언·

일본 프로야구팀 요미우리 자이언츠의 종신 명예감독인 나가시마 시게오는 현역 선수로 활약하던 시절, 날씨가 좋으면 투지가 불타오르고 면도가 부드럽게 잘된 날에는 의욕이 절로 솟았다고 합니다. 날씨와 면도가 의욕과 직접적인 상관 관계가 있을까요?

없습니다. 이는 일종의 자기 암시입니다.

나가시마 시게오는 본래 활력이 넘치는 선수로 유명했는데, 날씨나 면도 상태 등 사소한 일과 의욕을 연결해 스스로 '나는 의욕이 넘치는 사나이다'라는 자기 암시를 걸었다고 합니다. 날씨가 나쁘고, 면도 상태가 엉망이면 어떻게 하냐고요? 괜찮습니다. 주변에 널리고 널린 게 긍정적인 핑곗거리(?)입니다. 뽀송뽀송하게 잘 마른 옷, 잘 받은 화장, 지하철이나 버스에 탔을 때 보이는 빈 자리, 왠지 더욱 파랗게 보이는 하늘까지 모든 게 자기 암시의 재료가 될 수 있습니다. 사소하지만 왠지 기분이 좋게 느껴지는 작은 징조들에서 당시의 의욕을 북돋울 만한 핑곗거리를 찾아봅시다. 처음에는 조금 어색할 수 있지만 금방 쉽게 해낼 수 있을 겁니다.

의욕이 없는 사람은 자기 자신을 원래 '의욕이 없는 사람'이라고 단정해버리곤 합니다. 무의식중에 그런 확신을 가지기 때문에 점점 더 무기력의 사이클에 빠져든다는 사실을 모른 채 말입니다. 이런 생각을 가지고 있으면 더욱더 무기력해지게 마련입니다. 스스로 '나는 머리가 나빠'라고 생각하면 머리가 나쁘다는 것을 구실 삼아 공부를 하지 않게 되고, 결과적으로 성적이 점점 떨어지게 되는 것이나 마찬가지이지요.

자신이 무기력의 포로가 되어버렸다는 판단이 든다면 제일 먼저 '나는 의욕이 없어'라고 생각하는 것부터 멈춰야 합니다. 그리고 무슨 일이든 긍정적으로 생각하는 습관을 들여야 합니다. 어떤 일이 있어도 자신에게 좋은 쪽으로 암시를 거는 것이지요.

오늘 아침에는 머리가 심하게 뻗치지 않았으니까 분명히 모든 일이 잘 풀릴 거야!
오늘은 평상시보다 훨씬 기분 좋게 큰일을 본 걸 보니 컨디션이 좋은 것 같군!
아침에 먹은 계란 프라이의 노른자가 터지지 않았어. 좋은 일이 생길 모양이야!
어제보다 날씨가 풀린 걸 보니 일도 잘 풀릴 것 같아!
넥타이가 한번에 깔끔하게 매진 것을 보니 오늘도 운이 좋겠군.

아무리 사소한 일이라도 자신의 의욕을 끌어올리기 위한 도구로 삼을 수 있습니다. 진심으로 바라는 것은 그대로 이루어지기도 하는데 심리학에서는 이를 자기 충족 예언(self-fullfillment prophecy)이라고 부릅니다.

애리조나주립대학의 제프 스톤 교수는 골프를 한 번도 쳐본 적 없는 백인 대학생과 흑인 대학생을 한데 모아 미니 골프를

치게 했습니다. 스톤 교수는 실험하기에 앞서 실험군을 둘로 나눠 각기 다른 암시를 주었습니다. 그랬더니 매우 흥미로운 결과가 나타났습니다. '골프는 백인을 위한 스포츠'라는 암시를 건 실험군에선 백인 학생들의 성적이 좋았고, 반대로 '골프는 흑인을 위한 스포츠'라는 암시를 건 실험군에선 흑인 학생들의 성적이 좋았던 것입니다. 암시의 효과를 짐작할 수 있는 주목할 만한 실험 결과입니다.

사소한 것이라도 좋으니 '오늘은 ○○이라서 컨디션이 최고다!'라는 암시를 걸어봅시다. 습관적으로 자기 암시를 걸다 보면 의욕을 끌어올리기 쉬워집니다. 이때 중요한 것은 어떤 상황에서도 긍정적인 방향으로 암시를 거는 것입니다. '오늘은 지하철에서 앉아 올 수 있어서 운이 좋았어', '내 앞에서 신호등이 딱 바뀌다니 난 행운아인가봐'라고 일상의 작은 일들에서 긍정적인 신호를 찾아내다 보면 하루 종일 기분 좋게 보낼 수 있고 자연스레 의욕도 생겨날 겁니다.

평소에 무기력한 모습이었다면 혹시 나도 모르는 사이에 부정적인 암시를 걸고 있었던 것은 아닌지 되돌아봅시다. 만약 그랬더라도 걱정하지 마세요. 무엇이든 너무 늦은 때는 없습니다. 지금부터라도 자신을 기분 좋게 할 만한 긍정적인 암시를 걸어봅시다.

굿바이 무기력

진정으로 바라면 그대로 이루어집니다. 심리학에서는 이를 자기 충족 예언이라고 부릅니다. 일단 덮어놓고 이렇게 말해봅시다. "난 참 운 좋은 사람이야."

부정적 암시에서
탈출하라

·노시보 효과·

성경을 보면, 예수는 눈이 보이지 않는 사람을 보게 하고, 다리가 불편한 사람을 걷게 하는 등 수많은 기적을 행했다고 합니다. 기독교인이 아닌 사람으로서 생각하기엔 예수의 기적에는 암시의 힘이 어느 정도 작용한 게 아닌가 싶습니다.

어쩌면 개중에는 스스로 '걷지 못한다'고 굳게 믿었던 탓에 걷지 못하게 된 사람이 있었을지도 모릅니다. 그런 이에게 "이제 당신은 걸을 수 있게 되었습니다!"는 강한 암시를 줌으로써 잘못된 확신에서 벗어나 다시 걸을 수 있게 만든 것은 아닐까요?

수많은 기적을 보여준 예수이지만 정작 자신의 고향인 나사

렛에서는 기적을 일으키지 못했다고 합니다. 어린 시절부터 예수를 보아온 고향 사람들은 그가 기적을 행할 수 있다고 믿지 않았습니다. 사람들이 "뭐야, 저 사람은 목수 요셉의 아들 아냐? 내가 꼬맹이 때부터 봐서 잘 알아. 그런데 저 사람이 기적을 일으킨다니, 말이 돼?" 하고 의심했기 때문에 예수의 암시에 걸리지 않았다는 주장도 있습니다(브루스 바튼, 《예수의 광고술》).

부정적인 암시의 효과를 보여주는 것으로 노시보 효과 (nocebov effect)라는 게 있습니다. 환자가 의사를 불신하거나 약 혹은 치료 효과를 믿지 않을 경우, 그 효과가 줄어드는 것을 말합니다. 실제로 아스피린을 장기 처방하면서 한 그룹에는 위장관 부작용을 경고하고 다른 그룹에는 이 같은 주의 사항을 전달하지 않았더니 부작용을 경고받은 그룹이 그렇지 않은 그룹에 비해 부작용을 3배나 더 호소했다는 연구 결과가 있습니다.

부정적 암시의 효과를 극단적으로 보여주는 사례를 하나 더 소개하겠습니다. 구소련 철도국 직원이 냉동탑차에 갇힌 일이 있었습니다. 아무도 오지 않는 어두컴컴한 차고의 냉동탑차 안에서 그는 공포에 질렸습니다. 몸은 점점 차가워지고 밀폐된 공간 안이라 숨쉬기도 점점 힘들어졌습니다. 그는 결국 하룻밤을 버티지 못하고 목숨을 잃었습니다. 그런데 조사해보니 그 냉동탑차는 전원이 들어오지 않아서 내부온도가 13도였고, 산소도 충분히 공급되고 있었다고 합니다. 철도국 직원을 죽음에 이르게 한 것은 그의 '나는 냉동탑차에 갇혔다. 나는 얼어 죽을 것이다'라는 생각이었던 셈이지요. 이처럼 엄청난 힘을 지닌 암시의 효과를 부정적인 것에서 긍정적인 것으로 돌려야 하지 않을까요? 노시보의 부정의 악순환에서 벗어나 긍정의 선순환 고리를 만드는 것은 그 무엇도 아닌 당신의 사소한 생각입니다.

심리학계의 스타 연구자인 버지니아대학의 티머시 윌슨 교수에 따르면 '○○을 하면 기분이 좋아진다'라고 강하게 믿으면 실제로 몸이 반응한다고 했습니다. 예를 들어, '날씨가 좋으면 기분이 좋다'고 생각하는 사람은 날씨가 좋을 때 기분이 좋아지고, '스테이크를 먹으면 컨디션이 좋아진다'고 믿는 사람은 스테이크를 먹으면 정말로 컨디션이 좋아지는 식이죠. 실제로 산책을 하면 몸이 건강해진다고 믿는 사람은 산책 효과를 믿지 않는 사람에 비해 산책을 할 때 몸의 활력지수가 높아진다고 합니다.

뭐든 좋으니 '나는 이렇게 하면 건강해진다'라는 자신만의 암시를 한 가지 정도 정해서 그것을 매일 실천해봅시다.

자기 암시가 성공하려면 '이 암시는 반드시 효과가 있다!' 고 믿어야 합니다. 의욕을 불러일으키려면 '○○을 하면 반드 시 의욕이 생긴다!'는 강한 확신을 가져야 하는 것이지요.

나는 이 책에서 '의욕을 끌어내기 위한 심리 테크닉'을 소개하고 있습니다. 그런데 어떤 테크닉이든 '정말로 효과가 있을까?', '진짜 될까?' 하고 의심하는 순간, 그 효과는 물거품처럼 사라져버리고 맙니다. 속는 셈치고 무조건 믿고 실천해봅시다.

굿바이 무기력

약을 올바로 처방했는데도 환자가 의심을 품으면 약효가 나타나지 않는 현상을 노시보 효과라고 합니다. 혹시 나도 모르게 부정적인 암시를 걸고 있는 건 아닐까요? 지금이라도 '이렇게 하면 건강해진 다'는 자신만의 암시를 한 가지 정해서 매일 실천해봅시다.

운명을 바꾸는 21일

·21일 법칙·

오늘 하루 의욕이 솟아난다!

하는 일마다 정리가 착착 잘 된다!

힘이 넘쳐흐른다!

    누구나 한 번쯤은 이런 다짐을 해보았을 겁니다. 효과가 있던가요? "에이, 나도 해봤는데 그때뿐이던걸"이라고 말하는 사람이 꽤 많을 겁니다. 맞습니다. 안타깝게도 한두 번에 효과를 보는 암시는 없습니다.

    그렇다고 실망하기에는 이릅니다. 암시란 '하면 할수록 효과가 강해지는 성질'이 있습니다. 한 번만 하면 그 효과가 미미하지만 계속 반복하다 보면 어느 순간 암시에 쉽게 걸리게 되는 것이지요. 오징어는 씹으면 씹을수록 맛이 나는 것처럼 암시도 하면 할수록 그 효과가 커집니다. 암시를 하면 할수록 암시에 걸리기 쉬워지고 그 효과도 강화됩니다.

켄트주립대학의 마리아 자라고자 박사는 대학생 255명을 대상으로 암시에 관한 실험을 한 결과, 한 번만 암시를 걸었을 때보다 세 번 암시를 걸었을 때 더 효과가 크다는 사실을 알아냈습니다. 그러나 내 경험으로는 암시의 힘을 확실하게 체험하고 싶다면, 세 번으로는 부족합니다. 보다 자주, 보다 많이 암시할수록 암시의 효과는 커집니다.

프랑스의 정신요법 연구가인 에밀 쿠에는 '나는 좋아진다. 매일 점점 좋아진다'라는 식의 암시를 걸려면 '아침에 눈뜨자마자', 그리고 '잠자리에 들기 전'에 스무 번씩 반복하라고 했습니다. 스무 번이나 암시를 걸어야 한다는 것이 버겁게 느껴질지도 모르지만 실제로 해보면 시간도 별로 안 걸리고 그다지 수고롭지도 않습니다. 한번 연습해볼까요?

오늘 하루 의욕이 솟아난다.

점점 의욕이 생기기 시작한다.

머리끝부터 발끝까지 의욕이 넘쳐흐른다.

이 말을 스무 번 반복하더라도 기껏해야 1~2분 정도만 투자하면 됩니다. 암시에 익숙해질수록 암시의 효과도 커집니다. 처음에는 스무 번쯤 말하지 않으면 암시에 걸리지 않던 사람도 습관이 되면 열 번, 다섯 번으로 횟수를 줄여도 같은 효과를 얻을 수 있습니다. 점점 익숙해지다 보면 나중에는 딱 한 번만 "오늘도 역시 의욕이 넘쳐흐르고 있어"라고 말해도 의욕이 생기게 될 날이 올 겁니다.

앞서 의욕이 생기지 않는 사람은 스스로에게 나쁜 암시를 걸고 있기 때문이라고 말씀드렸죠? 나쁜 암시를 걸어서 무기력해지고 그로 인해 기분 좋지 않은 일을 많이 경험하면서 다시 나쁜 암시를 걸게 되는 악순환의 고리를 끊고 싶다면 아침저녁으로 스무 번씩 긍정의 암시를 거는 습관을 들여보기 바랍니다. 그 효과가 바로 나타나지 않더라도 긍정적인 믿음을 갖고 계속하는 자세가 무엇보다 중요합니다.

21일의 법칙을 들어보셨나요? 어떤 행동이 뇌와 몸에 습관으로 정착하기 위해서는 대략 21일 정도의 시간이 필요합니다. 꼭 21일이라는 숫자에 얽매일 필요는 없습니다. 이 정도 기간 동안 노력하는 것이 필요하다는 뜻으로 받아들이면 충분합니다.

하루 1~2분 정도라도 좋습니다. 긍정의 암시를 21일 동안 아침저녁으로 되뇌어봅시다. 아침저녁으로 "나는 의욕이 넘치는 사람이다"라고 외치기만 해도 충분히 의욕적인 사람으로 변신할 수 있습니다.

굿바이 무기력

21일 동안 아침에 눈 뜨자마자, 그리고 잠자리에 들기 전에 긍정적인 문장을 반복해봅시다. 뇌가 암시를 습관화할 수 있도록 반복, 또 반복하는 것이 중요합니다.

암시는 심리를,
심리는 신체를 바꾼다

·플라세보 효과·

　의욕이 생기게 하려거든 자기 암시를 걸라고 조언하면 대부분의 사람이 이를 단순히 심리적 위안을 얻기 위한 방편이라고 여깁니다. 그런데 이는 잘못된 생각입니다. 암시는 정신적인 부분에만 영향을 주는 것이 아니라 반드시 신체 반응(생리 반응)을 동반합니다. 예를 들어, 장미 꽃가루에 천식 발작을 일으키는 사람에게 "이제 당신에게 장미꽃 다발을 건넬 겁니다"라고 말하며 장미꽃 조화 한 다발을 건네면 그것만으로도 발작을 일으키는 경우가 있습니다. 조화이기 때문에 꽃가루가 있을 리 없는데, 우리의 뇌가 '장미다!'라고 인식하는 것만으로도 몸이 이에 반응하는 것이지요.

드문 경우지만, "지금 당신 손등에 담뱃불을 댈 겁니다"라고 암시를 걸고 펜으로 손등을 눌렀더니 펜으로 누른 부분에 화상 자국이 생겼다는 보고도 있습니다. 우리의 뇌가 '누군가 내 손등을 담뱃불로 짓눌렀다'고 '생각'만 해도 신체가 실제로 화상을 입은 증상을 일으킨 것이지요.

암시의 효과는 정신적인 부분에 국한되지 않습니다. '이제 의욕이 샘솟는다'라는 암시를 걸면 의욕을 끌어내는 호르몬인 테스토스테론이 분비되어서 신체적으로도 의욕 넘치는 상태가 됩니다.

암시를 받은 뒤 약을 복용하면 어떨까요? 아무런 효과가 없는 약이라도 '이 약은 잘 듣는다!'라고 믿고 먹으면 우리 신체가 이에 반응해서 병원체를 물리치는 경우가 있는데, 이를 플라세보 효과(Placebo effect)라고 합니다. 암시가 막연한 자기 위안에 지나지 않는다면 플라세보 효과가 일어날 리 없겠지요.

일본에선 많은 회사가 아침 조회 시간에 모든 사원이 자리에 서서 "오늘도 힘내자! 힘내자! 힘내자!" 등의 구호를 함께 외칩니다. 이는 사원들의 의욕을 부추기려는 암시 트레이닝의 일종이지요. 구시대적 방식이 아니냐고 웃어넘길 수도 있지만 의외로 상당히 효과가 있다는 연구 결과가 있습니다.

'힘내자!'라고 말하면 우리 몸은 무의식중에 힘을 내기 위한 준비를 시작합니다. 우리의 정신과 신체는 떼려야 뗄 수 없는 관계이기 때문에 정신적으로 '힘내자'고 생각하면 그 생각이 신체에 고스란히 반영되어서 좋은 영향을 줍니다.

이 책에서 계속 '의욕이 없으면 우선 생각부터 바꿔라'라고 조언하는 것 또한 그냥 하는 말이 아닙니다. '짜증난다'거나 '하기싫다'고 생각하면 정말로 몸이 무거워지고 일도 좀처럼 진척되지 않습니다. 긍정적인 암시로 마음에 힘을 불어넣어야 합니다. 그러면 신기할 정도로 몸이 가벼워지고 일도 술술 잘 풀릴 겁니다.

굿바이 무기력

아무런 효과가 없는 약이라도 효과가 있다고 믿고 복용하면 기대했던 효과가 나타나기도 합니다. 이처럼 암시는 심리를 좌우하고 심리는 신체를 변화시킵니다.

증거는 법정에서나 따져라

·포러 효과·

한 번쯤 "올해는 다이어트에 꼭 성공할 거야"라고 다짐을 해본 적이 있을 겁니다. 하지만 다짐만큼 효과를 본 경우는 그리 많지 않을 겁니다. 잠시 반짝 다이어트에 성공해도 얼마 지나지 않아 본래의 몸매로 돌아오는 경우도 많습니다. 왜 그럴까요? 바로 부정적 암시 때문입니다.

우리는 '살을 빼겠다'고 다짐을 하고서도 금세 이를 부정하는 암시를 무의식적으로 거는 경우가 많습니다. '그래 봤자 며칠 안에 또 야식을 먹을 텐데. 게다가 모레는 회식도 있잖아. 작년에도 실패했는데 올해라도 되겠어?'라고 말입니다.

이래서는 암시의 효과를 누릴 수 없습니다.

암시를 걸 때는 앞뒤 따질 것 없이, 자신이 이루고자 하는 목표만 강하게 염원해야 합니다. 깊이 생각하면 대개 부정적인 암시로 빠져들고 맙니다. 이렇게 생각합시다. '된다. 된다. 나는 된다. 의심과 증거는 법정에서나 필요한 거야.' 다른 생각은 할 필요없습니다. 목표만 머릿속에 남기고 다른 것은 지워버리세요.

'지금보다 5킬로그램 정도 살을 빼고 싶다!'면 '살 빼자! 살 빼자! 모델 ○○○처럼 날씬해지자!'라고 암시를 걸면 됩니다. '부모님이나 동생도 뚱뚱하니까 유전적으로 볼 때 나는 날씬해질 수 없을 것 같은데……'라는 식의 전혀 도움이 안 되는 생각 따위는 쳐다보지도 않는 편이 좋습니다.

암시가 효과를 보기 위해서는 모처럼 건 암시의 효과가 떨어질 만한 생각은 일부러라도 피해야 합니다. 특히 '근거 찾기'는 절대 금물입니다.

'부자가 되고 싶다'면 그저 부자가 되고 싶다고 강하게 염원하세요. '내가 부자가 될 수 있는 근거' 따위를 생각하기 시작하면 암시가 제대로 걸리지 않습니다.

근거 같은 것이 없어도 무조건 강하게 염원하면 우리 뇌는 이를 믿게 됩니다. 누군가 나에게 "당신은 친절한 사람이네요"라고 말하면 그 말에 근거가 전혀 없더라도 '그렇구나. 나는 친절한 사람이구나' 하고 생각하게 되는 것과 마찬가지입니다.

이를 심리학에서는 포러 효과(forer effect)라고 부릅니다. 막연하고 일반적인 이야기에 의미를 부여하고 자신에게 딱 맞는 이야기라고 믿어버리는 포러 효과는 긍정적인 말일수록 강하게 발휘됩니다.

우리의 마음속에는 자신에게 좋은 일이 일어나기를 바라는 소망이 늘 자리 잡고 있기 때문에 나타나는 심리 현상이지요. 이 같은 포러 효과는 자기 암시에서도 큰 힘을 발휘합니다. 근거 따위는 상관없이 자신의 바람이 이뤄질 것이라는 긍정적인 믿음을 만들어내는 것이지요.

런던대학의 에이드리언 교수는 가짜 심리 테스트를 실시한 뒤에 '당신은 ○○이다'라는 엉터리 결과를 알려주었더니 대부분의 실험 참가자가 이를 믿었다는 연구 결과를 발표했습니다. 자신에 대한 평가를 믿는데 근거 따위는 애초에 필요없는 것이지요.

매력적인 사람이 되고 싶다면 '나는 잘생겼다'거나 '나는 미인이다'라고 강하게 믿어보세요. 그러면 암시가 효과를 발휘해서 피부가 매끈매끈해지고 얼굴 생김새도 점점 변합니다. 다른 사람들이 착각하고 있다고 비웃을까 봐 걱정하지 않아도 됩니다. 어디까지나 자기 마음속으로 하는 평가니까요. 다른 사람의 시선 따위는 염두에 두지 말고 마음껏 자신에 대한 긍정적인 생각을 펼쳐봅시다.

그리고 지금부터 다음과 같은 문장은 머릿속에서 영원히 지워버립시다.

나는 하찮은 사람이다.

나는 무능한 사람이다.

나는 패배자다.

부정적인 평가의 노예가 되면 무슨 일을 하더라도 적극적인 자세를 가질 수 없습니다. 마음에 의욕의 기름을 붓고 싶다면 자신에 대한 평가를 긍정적으로 바꾸고, 긍정적인 암시를 걸어야 합니다. '다른 사람이 어떻게 볼까' 하는 걱정은 멀리 던져버리세요. 아무 근거 없는 터무니없는 믿음이라도 괜찮습니다. 근거는 법정에서나 따지면 됩니다.

굿바이 무기력

이성적 사고나 합리적 의심은 일단 접어두세요. 자신이 꿈꾸는 미래, 자신의 생각하는 결과를 강하게 염원합시다. 그러면 행동에 추진력이 붙습니다.

강철 멘탈을 만드는
작은 행동

·루틴·

암시는 한 가지를 반복하다 보면 점점 암시에 쉽게 반응하는 재미있는 성질을 가지고 있습니다. '나는 아침에 고기를 먹으면 의욕이 생긴다!'라는 암시를 걸었다고 해서 다음 날 바로 효과가 나타나는 건 아닙니다. 하지만 여러 번 같은 암시를 걸다 보면 어느새 고기를 한 조각이라도 먹으면 의욕이 일어나는 것을 느낄 수 있습니다. 심리학에서는 이를 두고 피암시성(被暗示性)이 높아진다고 합니다. 다른 말로 동종 작용(同種作用)이라고도 부릅니다.

암시에는 이 외에도 재미있는 성질이 더 있습니다. 어떤 종류의 암시를 잘 걸게 되면 다른 종류의 암시에도 쉽게 반응하게 됩니다. 이를 이종 반응(異種反應)이라고 합니다. 날마다 암시를 걸어서 '고기를 먹으면 의욕이 생긴다'는 암시에 쉽게 걸리게 됐다고 합시다. 그러면 다른 암시, 예를 들어 '빨간 넥타이를 하면 절대로 지지 않는다'거나 '안경을 닦으면 집중력이 생긴다'는 암시에도 보다 쉽게 반응하게 됩니다.

  뭐든 좋으니 나만의 암시를 한 가지 정해봅시다. 아주 간단한 것이라도 상관없습니다. 어떤 암시든 당신이 정한 한 가지를 성공시키는 것이 중요합니다. 한번 성공하고 나면 암시의 수를 늘리는 것은 어렵지 않습니다. 익숙해지고 나면 잠깐 눈만 감고 있어도 암시를 통해 의욕을 끌어올릴 수 있게 몸과 마음이 변화합니다. '두세 번 눈만 깜빡여도 의욕이 생긴다니 말도 안 돼. 거짓말!'이라고요? 거짓말이 아닙니다. 하나의 암시를 철저하게 몸에 익히고 나면 간단한 동작이나 문장만으로도 쉽게 암시를 걸 수 있게 됩니다. 운동선수들은 이를 루틴(routine)이라고 부릅니다.

  '골프 황제' 타이거 우즈는 임상심리학자 제이 브룬저에게 최면 암시 트레이닝을 받고서 흔들리지 않는 최고의 집중력을 갖게 되었다고 합니다. 타이거 우즈가 구체적으로 어떤 방법을 쓰는지는 공개된 바 없지만, 골프 저널리스트인 존 안드리서니는 샷을 하기 전에 천천히 눈을 감고 다시 천천히 눈을 뜨는 동작을 두세 번 반복하는 것이 아닐까 하고 추측했습니다. 생각이나 말로 하는 것만으로는 암시의 효과를 볼 수 없다면 다양한 도구를 사용하거나 무언가를 먹는 등 구체적 행동이 동반되는 방법을 쓰는 것도 도움이 됩니다.

　무엇이든 좋으니 일단 자신만의 루틴을 정해봅시다. 하나의 암시에 성공하고 나면 눈을 감거나 심호흡을 하는 것만으로도 최면에 빠지기 직전 상태에 들어갈 수 있습니다. 처음에 하나의 암시를 성공시키는 일이 조금 힘들지 몰라도 첫 번째 암시에 성공하면 두 번째, 세 번째는 신기할 정도로 쉽게 익힐 수 있습니다.

굿바이 무기력

복잡하지 않아도 좋습니다. 천천히 눈을 감았다가 다시 천천히 뜨는 동작을 두세 번 반복하는 행동도 암시에 효과가 있습니다. 중요한 것은 내 몸에 맞는 나만의 루틴을 만드는 것입니다.

꿈을 이미지로 각인한다

·이미지 트레이닝·

'진심으로 바라면 반드시 이루어진다.' 나는 이 말을 믿습니다. 다만 진심으로 바라는 것이 반드시 이루어지려면 원하는 목표를 구체적인 이미지로 뇌에 각인시켜야 합니다. 대부분의 사람이 이 말에 선뜻 동의하지 못하는 데는 이유가 있습니다. 대부분의 사람들이 머릿속으로 구체적인 이미지를 생생하게 떠올리지 못하기 때문에 제대로 암시 효과를 체험하지 못하는 겁니다. 예컨대 '부자가 되고 싶다'는 생각은 있어도 부자의 이미지를 구체적으로 머릿속에 떠올리지 못하는 것이지요.

자신이 이루고 싶은 목표나 꿈을 '생생하게 그리라'는 조언을 들어봤을 겁니다. 하지만 어떻게 하면 생생한 이미지를 그릴 수 있는지 구체적으로 알려주는 사람은 드뭅니다. 심리학적으로 볼 때 우리가 떠올릴 수 있는 이미지는 '자신이 지금까지 본 것'으로 제한됩니다. 한 번도 본 적 없는 것을 구체적으로 그리기는 어렵습니다. 어떻게 하면 내가 원하는 이미지를 구체적으로 그려낼 수 있을까요?

방법은 의외로 간단합니다. 머릿속 이미지가 선명하지 않다면 자신이 바라는 이미지에 가까운 영상을 찾는 일부터 시작해봅시다. '이런 집에 살고 싶다'는 생각이 드는 멋진 집을 발견하면 주저하지 말고 그 집 앞에서 사진을 찍으세요. 그러면 '언젠가는 나도 이런 집에서 살 거야!'라고 소망할 때 선명한 이미지를 떠올릴 수 있게 됩니다. 인터넷에서 떠돌아다니는 고풍스러운 옛 성의 이미지나 유명인이나 거부가 살 법한 대저택 사진을 찾아서 출력해서 잘 보이는 곳에 붙여두는 것도 좋은 방법입니다.

막연하게 상상만 하는 것보다는 실제 사진을 이용하면 더욱 선명하고 구체적인 이미지를 뇌에 쉽게 각인시킬 수 있습니다. 이렇게 목표를 구체화하는 방법을 몸에 익히다 보면 어느새 추상적인 꿈을 구체화하는 것도 능숙하게 해낼 수 있게 될 겁니다.

미국의 철판구이 체인점 베니하나 창업자이자 굴지의 자산가로 유명한 로키 아오키의 이야기를 해볼까요? 지금으로부터 60여 년 전 미국으로 원정 경기를 떠난 열아홉 살의 레슬링 선수 로키 아오키는 경기 후 가능성이 넘치는 나라 미국에 남기로 결정합니다. 하지만 그의 수중엔 400달러의 돈이 전부였지요. 설상가상으로 영어로는 인사나 몇 마디 나눌 정도의 수준이었습니다. 하지만 그는 미국에서 꼭 성공하고 말겠다는 꿈을 꿉니다. 첫 단계로 그는 롤스로이스를 갖겠다는 목표를 세웁니다. 그때부터 그는 롤스로이스를 가진 사람을 만나면 주저 없이 부탁해서 차 앞에서 사진을 찍었습니다. 이렇게 찍은 고급 승용차 사진을 모두 벽에 붙여두고 그것을 보면서 부자가 되겠다는 의욕을 불태웠습니다.

첫 번째 목표를 이룬 그는 또 다른 꿈을 꿉니다. 자신의 가게를 내고, 자가용 제트기를 갖고, 전 세계 주요 도시에 100여 개의 체인점을 내는 목표를 세운 것이지요. 이번에도 그는 자기가 차리고 싶은 가게와 비슷한 곳을 찾아 사진을 찍습니다. 제트기 사진도 찍었지요. 어딜 가든 이 사진들을 가지고 다니며 자신의 꿈을 선명한 이미지로 각인시키고 이를 현실화하기 위해 모든 노력을 기울였습니다. 그 결과 롤스로이스를 갖게 되었고, 전 세계 100여 곳에 체인점을 둔 베니하나를 일궈냈으며, 자가용 제트기를 타고 전 세계를 누비는 거부가 되었습니다.

이미지를 활용할 때도 요령이 있습니다. 사진을 벽에 붙일 때는 가능한 한 확대해서 큰 사이즈로 붙이는 것이 좋습니다. 델라웨어대학의 벤저민 데텐버 교수는 텔레비전과 영화에서 여러 가지 화면을 모은 다음, 이를 대학생 132명에게 보여주고 반응을 확인하는 실험을 했습니다. 이때 화면 크기를 다양하게 조절했는데, 큰 화면이 작은 화면보다 사람의 감정을 훨씬 더 많이 흔든다는 사실을 밝혀냈습니다.

손에 넣고 싶은 것이 있나요? 구체적인 이미지를 사진으로 출력해서 늘 눈길이 닿는 가까운 곳에 걸어둡시다. 휴대전화 바탕화면으로 설정해놓아도 좋습니다. '저런 사람이 되고 싶다'는 생각이 드는 인물이 있으면 그 사람의 얼굴이 담긴 포스터나 달력을 사는 것도 좋은 방법입니다. 이를 늘 바라보면 자신도 그 사람처럼 되고 싶다는 생각을 자주 되새기게 되고, 이 생각이 암시를 저절로 강화시킬 겁니다.

굿바이 무기력

자신이 꿈꾸는 최상의 상태를 구체적인 이미지로 기억해서 필요할 때마다 꺼낼 수 있도록 연습해봅시다. 자신이 꿈꾸는 모습을 담은 사진이나 포스터는 크게 확대해서 벽에 붙이는 것이 좋습니다.

단기 집중력을 높이는
1분 테크닉

·게이팅·

많은 프로 테니스 선수들이 관객들의 응원, 다른 코트의 경기 소리 등 주의를 분산시키는 잡음을 무시하기 위해서 라켓에 말을 걸면서 집중력을 높이는 테크닉을 사용합니다. 이를 게이팅(gating)이라고 부릅니다. 문(게이트)을 닫는다는 의미이지요. 이처럼 다른 일에 신경이 쓰여서 좀처럼 집중할 수 없을 때는 특정한 하나의 점에 초점을 맞추고 그것을 오랫동안 바라보면 도움이 됩니다. 집중력이 높이는 일종의 루틴인 셈이죠.

창밖으로 멀리 보이는 고층 빌딩 하나를 정해 뚫어지게 응

시하거나 손에 들고 있는 펜 끝을 계속해서 바라보는 등 대상
은 무엇이라도 상관없습니다. 어쨌든 하나의 점을 응시하고
있으면 다른 일에 신경이 분산되지 않고 쉽게 집중력을 높일
수 있습니다.

　누구나 한 번쯤 무언가에 집중해본 경험이 있을 겁니다. 무
언가에 집중할 때의 모습은 어떨까요? 한창 놀이에 정신이 팔
려 있는 아이가 엄마가 부르는 소리를 못 듣는 모습을 떠올려
보세요. 집중력이 높아지면 주변의 다른 것에는 전혀 신경 쓰
지 않게 됩니다.

　우리는 이를 몰입이라고 부릅니다. 몰입 상태가 되면 주위
가 아무리 시끄러워도 그런 소음 따위는 귀에 들어오지 않게
되고, 자신이 보고 있는 것 이외의 대상은 시야에 들어오지
않습니다.

　무슨 일이든 시작하기 전, 구체적인 사물을 골라 1분 정도
아무 말 없이 응시해보십시오. 다른 일에 정신이 팔리는 일
없이 눈앞에 놓인 일에만 집중하겠다고 다짐하면서 말입니
다. 나는 특히 펜 끝을 바라보라고 권하고 싶은데, 그 이유는
펜 끝이 뾰족하기 때문입니다. 형태가 둥근 것이나 곡선으로

이루어진 것보다는 뾰족한 것을 쳐다보는 게 집중하기가 훨씬 수월합니다.

몇 시간씩 일을 하거나 공부를 하다 보면 누구나 집중력이 흐트러지고 기력도 떨어지게 마련입니다. 그럴 때 뾰족한 물건을 가만히 바라보고 있으면 머리가 맑아지고 다시 힘을 낼 수 있습니다.

게이팅 테크닉은 연습하면 할수록 쉽게 효과를 볼 수 있습니다. 한두 번 게이팅을 시도해보고는 좀처럼 집중할 수 없더라도 포기하지 말고 계속 연습해보십시오. 여러 번 계속하다 보면 조금씩 게이팅에 익숙해져서 나중에는 어떤 대상을 바라보는 것만으로도 한순간에 집중 상태(트랜스 상태)에 돌입할 수 있게 될 겁니다.

비슷한 방법으로 촛불을 응시하는 것도 도움이 됩니다. 주로 명상할 때 많이 사용하는 방법인데, 촛불도 펜 끝과 마찬가지로 끝이 뾰족하기 때문에 쉽게 집중 상태에 들어가게 해줍니다.

집중력이 떨어졌다고 느껴질 때는 창밖을 내다보면서 뾰족한 것을 찾아봅시다. 고층 건물도 좋고 잘 정돈된 가로수도 좋습니다. 그것을 1~2분 정도 바라보고 있으면 집중력을 회복하는 데 도움이 됩니다.

굿바이 무기력

집중력을 높일 수 있는 사물을 주변에 둡시다. 형태가 둥글거나 곡선인 것보다는 뾰족한 것을 보는 편이 집중하기 쉽습니다. 잠시 주시하는 것만으로도 몰입의 효과를 얻을 수 있습니다.

교감신경을 자극하는
빨간 힘

·파워 컬러·

의욕이 없는 사람에게는 빨간 팬티를 입어보라고 추천하고 싶습니다. 갑자기 속옷 이야기를 꺼내 어리둥절하겠지만, 꼭 한번 시도해보기 바랍니다. 일본에서 '불타오르는 투지'라고 불리는 전 프로레슬러 안토니오 이노키는 항상 빨간 레슬링 복과 빨간 머플러를 착용했던 것으로 유명합니다. 빨간색은 '불타오르는 투지'라는 그의 별명과도 가장 잘 어울리는 색입니다.

의욕을 불러일으킨다고 알려진 아드레날린이라는 호르몬이 있습니다. 아드레날린은 우리 몸의 부신에서 분비되는데,

몸을 흥분 상태로 만들고 심박수를 늘려서 혈압을 상승시키는 역할을 합니다. 신체 활동을 활성화시키고 힘을 내려면 아드레날린을 분비시켜야 하는데, 이때 붉은색 물건을 착용하면 효과가 있다고 합니다. 붉은색이 교감신경을 자극해서 아드레날린 분비를 돕기 때문입니다.

그렇다고 매일같이 빨간 재킷을 입거나 빨간 바지를 입으면 너무 눈에 띄겠지요. 평범한 일상을 사는 우리로선 안토니오 이노키처럼 하기 어렵습니다. 그러니 아쉬운 대로 속옷처럼 다른 사람들의 눈에 안 띄는 곳에 빨간색을 착용하는 것을 추천합니다.

그런데 왜 하필 빨간색을 권하는 걸까요? 빨간색은 용기를 주고 사람을 적극적으로 만드는 효과가 있습니다. 그래서 빨간색은 '파워 컬러'라고도 불립니다. 빨간색 옷을 입거나 물건을 가지고 다니면 왠지 모르게 자신이 강해진 것 같은 느낌이 들고 의욕도 절로 솟아납니다. 일본 전국시대의 무장인 다케다 신겐은 병사들에게 빨간색 갑옷과 투구를 착용시킴으로써 무적의 기마대를 완성했다고 합니다.

빨간색은 상대를 심리적으로 위축시키는 효과도 있습니다.

도널드 트럼프 미국 대통령은 국빈을 맞이할 때 빨간 넥타이를 매는 것으로 유명합니다. 뉴스에 나오는 트럼프 대통령의 모습을 떠올려보세요. 트레이드 마크처럼 그의 빨간색 넥타이가 생각날 겁니다. 이와 관련, 트럼프는 빨간색 넥타이를 매면 자신은 당당하게 보이고 상대는 위축시킬 수 있기 때문이라고 말하기도 했습니다. 사업가들이 중요한 미팅을 할 때 착용하는 넥타이로 빨간색을 추천하는 경우가 많은데, 이 역시 빨간색이 가진 힘 때문입니다.

빨간색이 가진 이와 같은 힘은 과학적으로도 증명된 바 있습니다. 클레이턴주립대학의 낸시 스톤 교수는 빨간색 방과 파란색 방을 준비해서 피실험자들에게 각각의 방에서 동일한 작업을 하게 했습니다. 실험 결과, 빨간색 방에서 일한 사람들의 작업량이 파란색 방에서 일한 사람들에 비해 많았습니다.

빨간색 속옷을 입는 것이 어색해서 시도하기 어렵다면 빨간색 펜을 사용하는 것을 추천합니다. 나는 메모를 할 때 항상 빨간색 볼펜을 사용합니다. 빨간색 펜을 쓸 때마다 자신도 모르게 '힘내자!'는 자기 암시를 거는 셈이죠. 대부분의 사람들이 무언가를 강조하고 싶을 때 빨간색을 사용하지만 나는 뭐든지 빨간색 펜으로 적습니다. 그러면 왠지 의욕이 솟아나는 듯한 느낌이 듭니다.

의욕이 생기지 않을 때를 대비해서 빨간색 물건을 몇 가지 준비해두는 것도 좋은 방법입니다. 예를 들어, 줄이 빨간색인 손목시계나 빨간색 서류철, 빨간색 필통, 빨간색 수첩 등을 준비해두고 의욕이 생기지 않을 때마다 그런 소품들을 한동안 바라보는 것이지요. 파워 컬러 빨간색의 힘이 당신의 사라져버린 의욕을 다시 일깨워줄 겁니다.

굿바이 무기력

빨간색은 대표적인 파워 컬러입니다. 빨간색 물건을 몸에 지니고 있으면 교감신경이 활성화되어서 에너지가 솟아납니다.

닥치고 행동

·실행력·

나는 매년 책 10권 분량의 원고를 씁니다. 객관적으로 보면 집필하는 양이 꽤 많은 편이지요. 그래서인지 언론과 인터뷰를 할 때면 "어떻게 하면 그렇게 많은 책을 쓸 수 있나요?"라는 질문을 자주 받습니다. 이 질문에 대한 대답은 항상 똑같습니다.

무엇을 쓸지 정하지 못했더라도 일단 컴퓨터 전원을 켭니다. 컴퓨터를 켜면 뭐라도 써야 한다는 생각이 듭니다. 그래서인지 문득 정신을 차려보면 무엇이든 원고를 쓰고 있는 경우가 많습니다. 사람들은 흔히 '의욕'이 있기 때문에 '행동'을 한다고 생각하는데, 사실은 그 반대입니다. 무언가 '행동'을 하고 있으면 '의욕'은 자연스레 뒤따라옵니다.

비즈니스 코치이자 베스트셀러 작가인 스티브 챈들러의 《너 자신을 경이롭게 재창조하라》라는 책이 있습니다. 이 책에서 저자는 '의욕은 나중에 얼마든지 따라오기 마련'이라고 말합니다.

"아침에 조깅을 하려고 마음먹었는데, 의욕이 안 생깁니다"라고 말하는 사람에게 스티브 챈들러는 다음과 같은 조언을 합니다.

"아침에 일어나서 그냥 달리세요."

그러자 상대방이 "그게 아니고요, 그러니까 달리기가 싫다고요"라고 대답하자 스티브 챈들러는 "그건 아직 달리지 않아서 그런 거예요. 일단 달리기 시작하면 금방 달리고 싶은 기분이 들 거예요"라고 말합니다.

또 "어떻게 하면 의욕이 생기나요?"라고 질문하는 세일즈맨에게 스티브 챈들러는 "팔러 나가면 됩니다"라고 대답했습니다. "팔기 위한 에너지가 없다니까요"라고 반박하는 상대방에게 스티브 챈들러는 "지금 당장 영업을 하러 나가세요.

의욕은 나중에 뒤따라오는 것이지 행동하기 전에는 나오지 않습니다"라고 답했습니다.

언뜻 말이 안 된다는 생각이 들 수도 있지만, 심리학적으로 봤을 때 충분히 이해할 수 있는 말입니다.

의욕은 행동의 원동력이지만, 행동의 결과로 발생하는 것이기도 합니다. 그런데 '의욕이 없어서 행동할 수 없다'고 생각하는 사람은 많지만, 반대로 '행동하지 않기 때문에 의욕이 안 생긴다'고 생각하는 사람은 많지 않습니다. 우리가 꼭 알아둬야 할 것이 있는데, 행동하지 않으면 아무리 기다려도 의욕이 솟아나지 않습니다.

"의욕이 없어서 공부를 못 하겠다"라고 말하는 아이가 있다고 해봅시다. 그런데 그런 아이도 의욕이 있든 없든 일단 책을 읽거나 수학 문제를 풀기 시작하면 공부가 의외로 재미있다는 사실을 깨닫게 됩니다. 계산을 빨리하게 되면 시간을 조금 더 단축하고 싶어지지요. 그러다 보면 게임을 즐기는 것처럼 공부도 즐길 수 있게 됩니다.

다시 한 번 강조하지만, 의욕은 행동의 결과로 생겨납니다.

의욕이 없더라도 일단 시작하는 자세가 중요합니다. 음악 평론가인 어니스트 뉴먼은 이렇게 말했습니다. "위대한 작곡가들은 의욕이 샘솟아서 작곡을 한 것이 아니다. 작곡 작업에 착수했기 때문에 의욕이 솟아난 것이다."

일단 무슨 일이든 시작해봅시다. 일에 몰두하는 과정에서 의욕이 자연스레 샘솟는 경험을 하게 될 겁니다.

굿바이 무기력

'의욕이 없어서 행동하지 못하는 것'이 아니라 '행동하지 않아서 의욕이 생기지 않는 것'입니다.

가끔은
내버려 둬야 한다

·역설 요법·

감기에 걸려서 아프면 누구나 좀처럼 의욕이 생기지 않습니다. 왜 그럴까요? 몸 상태가 좋지 않을 때는 쉬는 것이 가장 좋기 때문에 뇌에서 쉬라고 지령을 내리는 것입니다. 이를 거스르고 억지로 의욕을 내려고 해봤자 어차피 의욕은 생기지 않습니다. 감기에 걸리면 쉬는 게 제일입니다.

잠이 안 올 때는 '그냥 오늘은 자지 말자. 내일 일에 지장이 있을 것 같으면 내일은 그냥 쉬지 뭐……'라고 생각하면 의외로 잠이 솔솔 쏟아지기도 합니다. 이는 제이 헤일리라는 심리학자가 확립한 역설 요법을 이용한 방법입니다. 억지로 자려고 할 것이 아니라 '그냥 깨어 있자'고 편히 생각하면 오히려 잠이 온다는 것이지요.

도저히 의욕이 생기지 않을 때 억지로 의욕을 내려고 하면 오히려 역효과가 날 수도 있습니다. 슬럼프에 빠진 운동선수가 이대로는 안 되겠다는 생각에 어떻게든 슬럼프에서 벗어나려고 발버둥치면 오히려 슬럼프가 길어질 수도 있습니다. 이럴 때는 자신이 슬럼프에 빠졌다는 사실을 인정하고 '될 대로 되라'는 식으로 자신을 내려놓을 필요가 있습니다. 이렇게 태연하게 행동하면 의외로 빨리 슬럼프에서 탈출할 수 있습니다.

다만, 오해하지 말았으면 하는 부분이 있습니다. 여기서 하려는 말은 애써 '의욕을 내지 말라'고 주장하는 것이 아닙니다. 내 말은 의욕이 생기지 않을 때에는 무리하게 의욕을 내려고 하지는 말라는 뜻입니다.

때론 자신의 마음을 거스르려 할 것이 아니라 자연스레 의욕이 생겨날 때까지 기다릴 필요가 있습니다. 몸과 마음의 목소리에 순응하지 않고 무리하게 의욕을 끄집어내려고 하면 오히려 그런 상태가 오래 지속될 수 있습니다.

의욕이 생기지 않을 때는 하루 이틀 정도 유급휴가를 신청해서 충분히 쉬어봅시다. 실컷 쉰 다음에는 또 다시 신선한 의욕이 생겨날 겁니다.

일을 척척 잘하는 사람은 놀 때도 잘 노는 법입니다. 때때로 적당한 숨 고르기가 의욕적인 삶을 사는 데 도움이 됩니다.

굿바이 무기력

무슨 방법을 써도 의욕이 살아나지 않을 때는 일단 마음을 비우고 편히 쉬어봅시다. '의욕이 돌아올 때까지 충분히 놀자'고 마음먹으면 의외로 쉽게 의욕이 되돌아옵니다.

"암시는 심리를,
심리는 신체를 바꾼다"

2장

의욕이 넘치는 사람은
'이것'이 다르다

무
기
력

작지만 구체적인
목표 세우기

의욕적인 사람은
스스로 마감을 당긴다

·데드라인 러시·

격투기 선수들은 평소에 팔다리에 모래 주머니를 달고 훈련합니다. 마라톤 선수들은 일부러 산소가 희박한 고산지대를 찾아가서 달립니다. 왜 일부러 모래 주머니를 달고 달리고, 산소가 희박한 곳을 찾아가 힘들게 훈련을 하는 걸까요? 자신을 한계까지 몰아붙이면 그만큼 훈련 효과가 극대화되기 때문입니다.

모래 주머니가 없으면 팔이나 발을 뻗기 쉬울 테고, 산소가 희박하지 않은 곳에서 달리면 연습하기가 수월하겠지요. 하지만 그런 '뜨뜻미지근한 상태'에 있으면 자신의 한계를 한 단계 끌어올릴 수 없습니다. 이렇듯 스스로 막다른 곳까지 몰아붙인다면 다소 힘이 들더라도 자신의 한계를 넘어설 수 있습니다.

외부적인 장애물이 없는 상황이라면 스스로 장애물을 만들어보는 것도 좋습니다. 일본 사람들에게 오기무라 이치로 선수는 일본 탁구를 세계에 알리는 데 큰 공을 세운 선수로 기억되고 있습니다. 오기무라 이치로 선수는 1954년 런던에서 열린 세계 탁구선수권 대회에서 우승한 이래 8회 연속 세계 선수권 대회에 출전해서 금메달을 12개나 따내는 대기록을 세웠습니다. 특히 불리한 상황에서도 물러서지 않고 역전을 일궈낸 선수로 유명합니다. 그가 이 같은 의지력을 발휘할 수 있었던 비결은 무엇일까요?

오기무라 이치로 선수는 연습 경기를 할 때마다 마음속으로 항상 5점을 지고 있다고 생각했답니다. 0 대 0이 아니라 0 대 5의 상황에서 연습을 한 것이죠. 항상 자신이 지고 있는 상황을 상상하고 자신을 한계까지 몰아붙이며 연습한 덕에 '경쟁에 강하고 역전을 잘하는 승부사'라고 불리게 된 것입니다.

오기무라 이치로 선수처럼 스스로 장애물을 부여해보면 어떨까요? 예를 들어, 금요일까지 정리해줬으면 한다고 부탁받은 일이 있으면 마음속으로 마감 기한을 이틀 정도 앞당겨서 '수요일까지는 반드시 끝내겠다'는 자신만의 데드라인을 정해보는 겁니다.

'하루에 영업 5건'이 회사가 정한 할당량이라면 스스로 몰아붙여서 '하루에 영업 15건'을 시도해봅시다. 그렇지 않아도 의욕이 뚝뚝 떨어지는 데, 무슨 소리냐고요? 정해진 데드라인을 지키기도 버거운데, 이를 더 덧붙이라니 말이 되는 소리냐고요? 그게 가능할 리 없다고요? 아닙니다. 그렇지 않습니다.

당신에게 의욕이 없는 이유는 아직 버틸 수 있는 여지가 남아 있기 때문입니다. 스스로 한계까지 몰아붙이고 혹독한 상황으로 내몰면 '이래서는 안 된다!'는 위기의식이 생겨나고 그로 인해 의욕도 되살아납니다. 인간은 궁지에 몰리면 누구든 힘을 내게 돼 있습니다.

만약 주어진 업무량이 얼마 안 되고, 마감일까지 시간이 넉넉하게 남았다면 어떻게 될까요? 당연히 궁지에 몰리기 전까지는 일을 열심히 할 생각이 들지 않을 겁니다. 그렇기 때문에 일부러라도 마음속으로 자신만의 장애물을 설정하고 막다른 골목으로 몰아붙여야 합니다.

취리히대학의 코넬리우스 코니그 교수는 마감 직전에 의욕이 솟아나는 현상을 데드라인 러시(deadline rush)라고 불렀습니다. 누구나 마감이 닥치면 의욕이 생기게 마련입니다. 따라서 스스로 마감을 앞당겨서 설정하면 언제든 의욕을 끌어낼 수 있습니다.

굿바이 무기력

스스로 몰아붙이고 혹독한 환경에 두지 않으면 강해질 수 없습니다. 최종 마감 시한이 가까워질수록 집중도와 의욕을 높여주는 데드라인 러시를 활용합니다.

작은 성공을 반복해
의욕을 적립한다

·작은 성취의 힘·

제2차 세계대전 당시 '사막의 여우'로 불리며 연합군을 공포에 떨게 했던 독일의 에르빈 롬멜 장군에게는 신병을 양성하는 특별한 비법이 있었습니다. 바로 첫 번째 전투에서는 반드시 이길 만한 상대를 골라주는 것입니다.

병사는 이기면 이길수록 '나는 강하다!'라는 확신을 가지게 되고 실제로도 강해집니다. 에르빈 롬멜 장군은 장래가 촉망되는 병사에게 '나는 강하기 때문에 누구에게도 지지 않는다'는 자신감을 심어주기 위해 일부러 이길 만한 상대를 붙여주고 승리를 통해 작은 성공 경험을 쌓게 했습니다.

투견의 세계에서도 이와 비슷한 방법이 사용됩니다. 강한 투견을 키우기 위해서 일부러 약한 개들과 반복적으로 싸우게 해서 승리를 맛보게 하는 것이지요. 이렇게 당하는 개는 '물리기용 개'라고 불립니다. 물리기만 하는 개에게는 불행한 일이지만, 강한 투견을 기르는 데 효과적인 방법인 것만은 분명합니다.

사람도 마찬가지입니다. 몇 번씩 실패를 반복하다 보면 아무리 의욕을 내려고 해도 의욕이 생기지 않을 게 불 보듯 뻔합니다. 하루 종일 방문판매를 하러 돌아다녀도 계약을 한 건도 따내지 못하면 어떤 영업사원이든 기운이 빠지는 게 당연한 일이겠지요.

긍정 심리학의 창시자인 펜실베니아대학 마틴 셀리그만 교수는 이를 '학습성 무기력'이라고 불렀습니다. 실패를 반복해서 경험하는 것은 '무기력을 학습하는 것'이나 마찬가지입니다. 무기력을 학습하고 나면 당연히 의욕적으로 행동할 수 없겠지요. 의욕이 생기려면 아무리 사소한 일이라도 성공 경험을 쌓아야 합니다. 사람의 심리는 단순한 부분이 있어서 몇 번이고 성공을 거듭하다 보면 자기도 모르는 사이에 의욕이 생깁니다.

와세다대학 노구치 유키오 교수는 자신의 책 《초(超)학습법》에서 성적이 나쁜 학생에게 공부할 의욕을 생기게 하는 아주 간단한 방법을 소개합니다. 바로 쪽지 시험이나 미니 테스트를 자주 보게 하고, 계속해서 좋은 점수를 받게 하는 것입니다.

아무리 사소한 쪽지 시험이라도 좋은 점수를 받으면 누구나 기분이 좋게 마련입니다. 이렇게 계속 좋은 점수를 받다 보면 지난번보다 더 좋은 점수를 받겠다는 의욕이 자연스럽게 생겨납니다.

그런데 안타깝게도 요즘 교사들은 대부분 학생들의 점수를 얼마나 깎을지 계산하는 감점식 제도로 학생들을 평가합니다. 이래서는 학생들의 의욕이 생길 리 없지요. 계속해서 감점을 당하다 보면 동기부여는 고사하고 진취적인 마음도 사라지기 쉽습니다.

처음부터 어려운 과제에 도전하는 것도 좋지만, 이는 상당히 의욕적인 사람에게만 효과가 있는 방법입니다. 의욕이 없는 사람에게 당장 어려운 과제를 해결하라고 하면 결과적으로 실패하게 되고, 이런 경험이 쌓이다 보면 학습성 무기력으로 이어집니다.

　작지만 알찬 성공 경험을 쌓아봅시다. 스스로 기분이 좋아질 수 있도록 작은 것부터 여러 차례 성공하는 경험을 쌓아야 합니다. 이렇게 자신을 성공의 경험에 노출시키다 보면 언젠가는 어려운 과제에도 도전하고 싶은 마음이 생길 겁니다.

굿바이 무기력

　작은 성공을 습관화해보세요. 5분 더 일찍 일어나기 같은 사소한 실천이 자신감을 높여줍니다.

5분만 더

·마시멜로 법칙·

일을 하다가 지쳐서 휴식을 취하고 싶다면, 멈추지 말고 5분만 더 하던 일을 계속 해봅시다. 머리가 머리가 안 돌아가고 한계가 느껴질 때까지 조금 더 힘을 내서 보고서를 딱 한 장만 더 써 봅시다. 더 이상 안 되겠다는 생각이 들더라도 거래처를 한 곳만 더 방문해 봅시다.

스스로 한계를 느꼈을 때 '조금 더 참고 버텨내는 습관'을 들이는 것은 의욕을 높이는 매우 중요한 지렛대가 됩니다. 한계를 느끼더라도 두 배 더, 세 배 더 열심히 하라는 말이 아닙니다. 그것은 당연히 불가능하지요.

'아주 잠깐'이면 됩니다. 1분 혹은 5분 정도 짧은 시간만 더 버텨봅시다. 그 '아주 잠깐'을 참을 수 있느냐 없느냐가 중요한 차이를 만듭니다. 조금 더 참음으로써 정신적인 힘이 비약적으로 커집니다. 한계를 느낄 때마다 아주 조금씩 그 한계를 돌파하다 보면 점차 자신의 한계치를 높일 수 있습니다.

마시멜로 테스트로 유명한 스탠퍼드대학의 월터 미셸 박사는 인내심을 단련시키면 자기 컨트롤 능력과 자기 관리 능력을 동시에 높일 수 있다고 말했습니다.

미셸 박사는 1960년대 후반 스탠퍼드대학 부설 유아원에서 마시멜로 테스트를 시작했습니다. 아이들에게 눈앞의 마시멜로를 15분 동안 먹지 않고 참으면 마시멜로 한 개를 더 주겠다고 설명하고, 아이들의 행동을 살펴보는 내용의 실험이었습니다.

무려 50년 동안 이 실험을 진행하면서 실험에 참가한 아이들의 성장 과정을 추적한 미셸 박사는 만 4세 무렵부터 작은 욕구를 반복해서 참을 줄 아는 아이일수록 사회적으로 크게 성공을 거두었다는 결론을 내렸습니다. 인내심은 인생을 길게 놓고 봤을 때도 매우 도움이 되는 요소인 것이죠.

세상이 편리해지고 풍요로워지면서 현대인은 과거보다 자

기 욕망을 쉽게 충족시킬 수 있게 되었습니다. 그 결과, 인내심과 정신적 강인함은 약해졌습니다. 어떻게 해야 약해진 인내심을 키울 수 있을까요?

의외로 방법은 간단합니다. 다이어트를 할 때 배가 고프다면 30분이라도 식사를 미루거나 참는 일을 반복해봅니다. '살을 빼겠다'는 추상적인 암시보다 훨씬 효과를 볼 수 있을 겁니다. 이런 식으로 작고 사소한 일들을 참는 연습을 해보는 겁니다. 정신력을 단련시키는 일은 생각보다 간단해서 자기가 하고 싶지 않은 일도 조금씩 참고 하는 습관을 들이면 됩니다.

담배 생각이 간절할 때 '5분만 더' 참아보거나, 일을 하다가 당장 자리를 뜨고 싶어지더라도 '10분만 더' 서류를 작성해 보는 등 사소한 인내를 반복하다 보면 당신의 정신력은 어느새 단단해집니다. 회사를 당장 그만두고 싶더라도 '한 달만 더' 열심히 해보고, 한 달이 지나면 '또 한 달만 더' 열심히 해보자는 생각으로 일해 봅시다.

욕망이 끓어오를 때 그 욕망에 금세 굴복하는 사람은 본능에 따라서 사는 동물이나 다를 바 없습니다. 그런 사람들은 참을성 없고 하기 싫은 일이 있으면 금방 도망치고 맙니다. 일상의 사소한 부분에서부터 자신을 단련시켜야 합니다. 힘들다고 느꼈을 때야말로 자신을 단련시킬 수 있는 절호의 기회입니다. 조금 더 힘을 내봅시다.

굿바이 무기력

참을성을 키우면 자기 컨트롤 능력과 자기 관리 능력이 향상됩니다. 5분만 참아봅니다. 당신의 미래가 달라질 수 있습니다.

상위 1퍼센트처럼 연기하라

·메소드 연기·

현실이 내 마음같지 않더라도 자신을 하찮게 보지 말고 훌륭한 사람으로 여겨야 합니다. 자신은 성공할 사람이라고 믿으면, 모든 일에 진지할 수 있습니다.

골프계에서 '킹'이란 칭송을 받는 아놀드 파머는 열 살 무렵부터 필드에 서면 마치 자신이 국제 토너먼트 대회에 출전해 경기를 하고 있는 것처럼 연기했다고 합니다. 일종의 메소드 연기(method acting)를 한 것이죠.

연기에 몰입하다 보니 그는 프로 대회에 우승한 뒤 스포츠 캐스터와 현장 인터뷰를 하는 장면까지 상상해서 다른 사람들에게 이야기하곤 했습니다. 아놀드 파머는 이처럼 성공한

골퍼가 되기를 꿈꾸는 것을 넘어 그 역할에 몰입했기 때문에 힘든 훈련도 즐거운 마음으로 견딜 수 있었습니다.

'어차피 나 따위가……'라며 하나뿐인 자신을 과소평가하고 있지는 않나요? 그렇다면 당장 그 생각부터 멈춰야 합니다. 대신 자신의 좋은 점으로 머릿속을 가득 채웁시다. 자신을 성공할 사람이라고 믿어야 합니다. 그래야 자연히 마음에 에너지가 차오릅니다.

하버드대학의 리처드 해크먼 교수는 통신사에 다니는 직장인 208명을 대상으로 개개인의 자존감 강도를 측정했습니다. 그런 다음 9개월에 걸쳐서 그들의 의욕이 어떻게 변화하는지 조사했는데, 자존감이 높은 사람이 의욕도 높다는 결과가 나왔습니다.

자존감과 의욕은 비례 관계를 보입니다. 자신을 소중히 여기는 사람은 의욕도 높습니다. 반대로 자신을 하찮게 취급하는 사람은 의욕적으로 일하지 않습니다.

심리학자인 내가 인사 담당자라면 면접을 볼 때 "당신은 자기 자신을 얼마나 좋아합니까?"라고 물어볼 겁니다. 망설임 없이 자신을 좋아한다고 대답하는 사람은 의욕적인 사람일

가능성이 높습니다.

무기력증에 빠져 허우적거린다면 자기 자신에 대한 평가부터 새롭게 해야 합니다. 사소한 것이라도 상관없습니다. 종이에 적어가며 '자신의 좋은 점'을 찾아봅시다.

굿바이 무기력

무슨 일을 해도 진지하고 성실하게 할 수 없는 이유는 '자신을 하찮은 존재'라고 느끼고 있기 때문입니다. 의욕과 자존감을 높이기 위해 상위 1퍼센트의 성공한 사람처럼 연기해야 합니다.

허들은 낮을수록 좋다

·스몰 스텝의 원리·

롤플레잉이라는 게임 장르가 있습니다. 주인공을 키우면서 모험을 진행하는 형식의 게임인데, 대부분의 롤플레잉 게임은 처음에는 레벨을 쉽게 올릴 수 있습니다. 레벨이 올라갈수록 당연히 난이도가 높아지지요. 하지만 처음에는 몬스터 몇 마리만 쓰러트려도 내 캐릭터가 금세 강해지기 때문에 누구나 어렵지 않게 게임을 배울 수 있습니다. 만약 처음부터 레벨을 올리기 어려운 게임이 있다면 대부분의 사람이 의욕이 꺾여서 금방 그만두고 말 겁니다.

롤플레잉 게임처럼 일도 처음에는 쉽게 해결할 수 있는 것부터 시작하는 편이 좋습니다. 차례로 일을 척척 해결하면 자신이 일처리를 잘하는 것 같은 생각이 들어서 성취욕과 만족도가 높아집니다. 점점 능력이 향상되고 있다는 사실을 체감할 수 있으면 자연스레 의욕이 생겨납니다. 반대로 처음부터 어려운 일을 하려고 하면 난관에 부딪쳐 실패하게 마련입니다. 그러다 보면 의욕을 잃게 됩니다.

심리학에는 스몰 스텝(small step)의 원리 라는 유명한 법칙이 있습니다. 스몰 스텝 즉, '낮은 계단'이라면 한 계단씩 뛰어 올라가는 일이 결코 어렵지 않습니다. 낮은 계단을 올라가는 경험을 하고 나면 다음에 조금 높은 계단과 맞닥뜨려도 기세를 몰아서 뛰어 오를 수 있습니다. 이처럼 자기 스스로 시동을 걸기 위해서라도 처음에는 쉽게 해결할 수 있는 일부터 해보는 것이 좋습니다.

예를 들어, 오전 중에는 쉽게 처리할 수 있는 일을 해서 워밍업을 하고, 그 기세를 몰아서 오후에는 조금 어려운 일을 해보면 어떨까요? 내 생각에는 괜찮은 방법 같습니다. 기세만 붙으면 어떤 일이든 어렵지 않게 해낼 수 있습니다.

여기서 중요한 점은 허들을 낮게 만들어서 쉽게 뛰어넘을 수 있게 해야 한다는 것입니다. 높은 허들을 뛰어넘으려면 사력을 다해야 합니다. 사력을 다하다 보면 금방 지치게 되고, 이는 곧 의욕 저하로 이어집니다.

저금을 할 때도 처음부터 1,000만 원, 1억 원이라는 높은 허들을 설정해두면 결국은 지쳐서 포기하기 쉽습니다. 예를 들어 매일매일 저금을 하겠다고 마음먹었지만 저금을 시작한 첫날 1만 원밖에 저금하지 못했다면 1억 원을 모으는데 1만 일이나 걸리는 셈입니다. 목표 금액을 채우는데 약 27년이 걸리는 것이지요. 이래서는 의욕이 생길 리 없습니다.

처음에는 1주일이나 1개월 정도면 눈에 보이는 성과를 올릴 수 있을 정도로 낮은 허들을 설정해두는 편이 좋습니다. 목표에 도달하는데 5년, 10년씩 걸린다면 의욕을 낼 수 없습니다.

굿바이 무기력

롤플레잉 게임처럼 자기 능력이 점점 향상되는 것을 체감할 수 있는 일에는 쉽게 열중할 수 있습니다. 목표를 세밀하게 설정해 성취감을 느껴봅시다.

코브라는 독을
함부로 쓰지 않는다

· 파레토의 법칙 ·

이탈리아의 경제학자 빌프레도 파레토가 자신의 이름을 붙인 파레토의 법칙(Pareto's law)이 있습니다. 다른 말로 8 대 2 법칙이라고 불리기도 합니다.

파레토의 법칙을 일상에 대입해 설명해볼까요? 우리가 하고 있는 일이 모두 다 똑같은 비중으로 중요한 것은 아니며, 정말로 중요한 일은 20퍼센트에 불과하고 나머지 80퍼센트는 그다지 중요하지 않은 일이라고 할 수 있습니다. 즉, 최선을 다해서 임해야 할 만큼 중요한 일은 전체의 20퍼센트에 불과하다는 뜻입니다.

가장 우선순위가 높은 일은 무엇인가?

지금 하는 일이 정말로 중요한 일인가?

혹시 하지 않고 놔둬도 아무 문제없는 일은 아닌가?

위의 체크리스트를 따라 자신의 일을 전체적으로 점검해봅시다. 지금 하고 있는 일을 전체적으로 점검하는 이유는 어떤 일에 먼저 처리해야 할지 정하기 위해서입니다. 가장 중요한 20퍼센트의 일에 전력을 다하기 위해 나머지 80퍼센트의 일을 걸러내는 작업을 하려는 것이죠.

의욕적으로 열심히 매달려도 그 일이 누구에게도 평가를 받지 못하는 일이라면 공을 들일 필요가 없습니다. 공을 들이는 것은 좋지만 쓸데없는 곳에 공을 들이면 안 되겠지요. 그럴 바에야 중요한 20퍼센트의 일에 모든 에너지를 쏟아붓는 편이 낫습니다.

코브라는 맹독을 가지고 있지만 아무나 물지 않습니다. 코브라가 독을 사용하는 것은 '자신에게 의미가 있을 때', '자신이 이득을 본다고 판단했을 때', '정말 필요할 때'뿐입니다.

일도 마찬가지여서 중요하지 않은 일에 자신이 가진 에너지를 쏟아버리면 의욕만 낭비하고 정작 힘을 내야 할 때 지쳐버리기 쉽습니다.

죽을 둥 살 둥 밤을 꼬박 새워가며 100쪽이 넘는 보고서를 작성해 가도 아무도 눈길조차 주지 않는다면 그 노력은 보상받을 수 없습니다. 아무도 읽으려 하지 않는 보고서를 작성할 바에야 차라리 다른 일에 힘을 쏟아붓는 편이 훨씬 낫겠지요. 머리를 쥐어짜가며 파워포인트로 보기 좋은 슬라이드를 열심히 만들어 놓았는데 정작 상사는 종이 한 장 분량의 간단한 자료를 더 선호할지도 모릅니다.

기왕 의욕을 쓰려면 그 의욕이 쓸데없는 곳에 소모되지 않도록 잘 판단해서 중요한 일에 집중해야 합니다. 남들이 '저 사람은 항상 쓸데없는 일에만 공을 들이는 것 같아'라고 판단하지 않도록 중요도가 높은 일에 당신의 에너지를 쏟아붓는 전략적 선택을 하길 바랍니다.

우리의 의욕은 유한하기 때문에 모든 일에 의욕을 투입 할 수 없습니다. 모든 일에 최선을 다하려고 해봤자 본인만 지칠 뿐입니다. 정말로 공을 들여야 할 일은 기껏해야 당신에게 주어진 일의 20~30퍼센트 정도밖에 안 됩니다. 거기에 온 힘을 다하고 나머지 부분은 대충 넘어가도 괜찮습니다. 아니, 오히려 그것이 올바른 전략입니다.

굿바이 무기력

중요한 20퍼센트의 일에 전력을 다하고 나머지 80퍼센트의 일은 적당히 넘어갈 줄도 알아야 합니다. 중요하지 않은 곳에 모든 정열을 쏟아붓는 것은 의욕을 낭비하는 결과를 낳을 뿐입니다.

"저는 칭찬을 받으면 더 잘하는 스타일입니다"

·칭찬 적립·

우리는 어떤 때 의욕이 생길까요? 바로 다른 사람에게 칭찬을 받을 때입니다.

지금은 잘 안 풀리는 것 같아도 내가 보기에는 자네가 가장 성장할 것 같군.
자네는 내가 신입사원이었을 때보다 훨씬 일을 잘하는 것 같아.
지금은 약간 미숙하지만 실력이 쑥쑥 늘어나는 게 보이는걸, 자네만 믿어.

사장이나 상사에게 이런 말을 들으면 누구든 기분이 좋아서 정말로 일을 잘하게 될 것 같은 생각이 들 겁니다. 일본 속담에 '돼지도 추켜세우면 나무에 올라간다'는 말이 있습니다. 이게 돼지에게만 해당 되는 말은 아닐겁니다. 사람도 마찬가지여서 칭찬을 받으면 뭐든지 해낼 수 있는 힘이 생깁니다.

노스웨스턴대학의 리사 윌리엄스 교수는 87명의 대학생에게 컴퓨터 화면에 2초 동안 비치는 점의 숫자를 세는 지루한 작업을 시켰습니다.

이때 절반 정도의 학생에게는 "당신은 잘하고 있다"라는 칭찬의 말을 건넸습니다. 그리고 나머지 절반의 학생에게는 아무 말도 하지 않았습니다. 리사 윌리엄스 교수는 한동안 작업을 하게 한 뒤에 실험은 끝났지만 괜찮으면 이 작업을 자유롭게 계속해도 된다는 말을 남기고 실험실을 나왔습니다. 그리고 나서 남겨진 학생들이 얼마 동안이나 작업을 계속하는지 몰래 지켜보고 그 결과를 기록했습니다. 실험 결과, 칭찬을 받은 그룹은 약 1.5배나 더 오래 작업을 했다고 합니다. 지나가듯 던진 칭찬 한마디에 동기부여가 된 것이죠. 칭찬은 의욕을 움직이는 가솔린입니다.

하지만 현실에서는 남에게 칭찬받을 일이 생각보다 많지 않지요. 칭찬을 받기 위해선 약간의 요령이 필요합니다. 상사나 선배에게 자신을 칭찬해달라고 미리 부탁해두는 방법을 써보기 바랍니다.

칭찬을 받으면 성장하는 스타일이에요. 거짓말이라도 좋으니 칭찬을 많이 해주세요.
저는 잘한다 잘한다 하면 더욱 잘하려고 노력하는 타입이에요. 작은 칭찬이 절 성장시킬 거예요.

이런 말을 하면 상대방이 황당하게 생각할지 몰라도 칭찬을 해줄 확률이 높아집니다.

또 다른 방법으로 서로 칭찬해주기가 있습니다. '칭찬 친구'를 정해서 주기적으로 만나 구체적인 일에 대해 서로 칭찬해주는 겁니다. 억지스럽고 다소 어이없는 방법처럼 들릴 수도 있지만 이렇게 해서라도 칭찬을 듣는 것이 동기부여에 도움이 됩니다.

마지막 방법은 스스로 칭찬하기입니다. 아침마다 또는 자기 전에 '열심히 잘하고 있어!'라고 마음속으로 몇 번이고 말해주는 것이지요. 이 방법은 별도의 시간도, 돈도 들지 않고 다

른 사람의 손을 빌리지 않아도 되기 때문에 손쉽고 효과적인
방법이라고 할 수 있습니다.

분리수거를 이렇게 깔끔하게 하다니 난 참 치밀한 사람이야.
오늘 따라 빨래를 단정하게 개켜놓은 것 같아. 내 솜씨가 정
말 마음에 들어.

이처럼 작은 일에 끊임없이 칭찬을 해봅시다. 긍정적이고
의욕 넘치는 당신의 모습을 만나게 될 겁니다.

굿바이 무기력

칭찬은 의욕을 움직이는 가솔린입니다. 꾸며낸 칭찬이라도 동기부
여의 힘을 발휘합니다.

잘난 사람과 비교하지 마라

·전략적 비교·

의욕을 떨어뜨리는 아주 간단한 방법이 있습니다. 바로 비교하기입니다. 특히 나보다 실력이 좋거나, 나보다 돈이 많거나, 나보다 인기가 많은 사람과 비교하는 건 그동안 쌓아두었던 의욕과 자존감을 한순간에 무너뜨리는 어리석은 행동입니다.

의욕을 끌어올리는 아주 간단한 방법도 있습니다. 역시 비교하기입니다. 의욕이 생기기를 바란다면 자신보다 어려움을 겪고 있는 사람과 비교하면 됩니다. '저 사람 처지에 비하면 나는 훨씬 괜찮은 편이니 조금 더 힘을 내자'라는 식으로 말이죠. 물론 그런 비교를 하고 있다는 사실을 상대방은 물론 다른 사람들이 알게 해서는 안 되겠죠. 이런 비교는 조용히 마음속으로만 해야 합니다.

에스토니아 타르투대학의 헬렌 조서 박사는 농구, 배구, 축구, 수영, 배드민턴 등을 시작한 젊은 운동선수 659명을 2년 동안 추적 조사하는 장기 프로젝트를 진행했습니다. 그런데 2년이라는 기간 동안 무려 339명이 중도에 선수 생활을 그만두었다고 합니다. 포기한 선수들의 특징을 조사해봤더니 공통적으로 '자신보다 성적이 뛰어난 선수와 비교하는' 경향이 강했습니다. 이들은 같은 시기에 운동을 시작한 동료 중에서 자신보다 실력이 뛰어난 사람과 자신을 끊임없이 비교하며 '나는 크게 성공하지 못할 거야'라고 스스로를 깎아내렸습니다. 부정적인 암시를 건 것이죠. 그러다 보니 의욕이 꺾이고 결국 운동마저 포기하게 돼버렸습니다.

절대로, 나보다 뛰어난 사람과 자신을 비교해선 안 됩니다. 꼭 비교를 해야겠다면 나보다 힘든 처지에 있는 사람과 비교해야 합니다.
'자신보다 뛰어난 사람을 목표로 하는 것이 경쟁심을 일으켜 의욕이 생기지 않을까?'라고 생각하는 사람이 있을 수도 있습니다. 물론 그런 사람도 있습니다. 하지만 그런 이들은 타고난 경쟁심, 투쟁심과 의욕이 강한 부류입니다. 대부분의 사람에게 해당되는 경우는 아니지요.

만약 당신이 죽어도 지기 싫어하는 성격이라면 나보다 뛰어난 사람을 라이벌로 삼거나 목표로 삼아서 비교하는 것도 괜찮습니다. 하지만 그런 경우가 아니라면 애초에 의식적으로 잘난 사람과 비교하지 않는 편이 현명합니다.

굿바이 무기력

절대로 자신보다 잘난 사람과 비교하지 마세요!

모든 일을
잘할 순 없다

·선택과 집중·

　노벨 평화상을 수상한 알베르트 슈바이처 박사는 "너무 많은 일에 매달리는 사람은 아주 조금밖에 성과를 달성하지 못한다"라고 말했습니다. 전적으로 동감합니다. 의욕이 없는 사람은 이것저것 조금씩 간을 보듯 행동하는 경향이 있습니다. 그러다 보면 어느 것 하나 제대로 하는 일 없이 어정쩡한 결과를 얻게 되고, 성과가 좋지 못하다 보니 그나마 있던 의욕마저 자연스레 사그라지고 맙니다.

　몰입해야 할 일은 한 가지, 많아야 두 가지 정도로 정하고 그것을 마지막까지 완수하려고 노력해야 합니다. 한 가지 일을 선택해서 집중하면 여러 가지 일에 매달릴 때보다 효율은 물론 성과도 높아집니다. 이는 곧 회사에서의 평판을 높여주고 승진과 임금 인상의 기회로 돌아옵니다. 그러면 다시 의욕이 솟아나는 선순환의 고리가 만들어지지요.

공부를 할 때도 모든 과목에서 평균점을 따려고 하는 것보다는 수학에서만큼은 전교 1등을 하자거나, 물리만은 편차값(집단의 평균값에서 어느 정도 멀어져 있는지를 수치로 표시하는 것으로 일본에서는 입시에서 자주 사용하는 용어다. - 옮긴이) 80 이상을 따겠다고 다짐하는 편이 의욕을 높이는 데 효과적인 방법입니다. 왜냐하면 'ㅇㅇ에서만큼은 절대로 지지 않는다!'는 자신감을 가질 수 있기 때문입니다. 의욕을 부추기는 데도 선택과 집중이 필요합니다. "이 일만큼은 자신 있다"라고 당당하게 말할 수 있는 분야를 하나라도 가져봅시다.

간혹 여러 가지 일을 동시에 처리하는 멀티 태스킹 능력이 중요하다는 말을 종종 듣는데, 이는 사실 불가능한 말입니다. 인간의 뇌는 여러 가지 작업을 동시에 진행할 수 있는 구조로 만들어져 있지 않습니다. 눈앞에 여러 가지 일이 있으면 한 가지 일을 하면서도 다른 일에 신경 쓰이기 때문에 집중력이 떨어지게 마련입니다.

미시간주립대학의 시안 베이록 박사에 따르면 특정 작업에 익숙한 사람은 복수의 작업을 동시에 진행해도 작업 능률이 떨어지지 않지만, 경험이 부족한 사람은 한 가지 일에 집중해야 작업 능률이 좋아진다고 합니다. 자신의 일에 완전히 익숙해져서 전문가의 경지에 이르렀다면 몰라도 그렇지 않다면 하나의 일에 집중하는 편이 좋습니다. 그래야 능률이 오르고 능률이 오르면 성과도 향상됩니다.

일이 잘 풀리지 않는다면, 의욕이 없다면, 한꺼번에 지나치게 많은 일에 매달리고 있는 것은 아닌지 한번 돌아보아야 합니다. 질릴 정도로 많은 일을 떠안고 있으면 그 누구라도 의욕이 생기지 않습니다.

앞서 주어진 일 중 20퍼센트만 중요하고 80퍼센트는 그다지 중요하지 않다는 파레토의 법칙을 설명했습니다. 80퍼센트 정도의 일은 그냥 내버려두거나 애초에 손을 대지 않거나 혹은 대충대충 넘기고, 나머지 중요한 20퍼센트의 일에 온 힘을 쏟아붓는 편이 좋습니다.

우리가 하는 일을 잘 생각해보면 사실 별로 중요하지 않은 일이 상당히 많습니다. 그런 일은 대충 넘어가고 최우선으로 해야 할 가장 중요한 일만을 고르고 골라서 그 하나의 일에 최선을 다해봅니다.

굿바이 무기력

모든 과목에서 만점을 받으려고 하기보다는 수학만큼은 전교 1등을 하겠다고 마음먹어 보세요. 중요한 일에 80퍼센트, 나머지 일에 20퍼센트의 힘을 쏟으세요.

의도적으로
신선한 일을 찾아라

·쿨리지 효과·

별짓을 다해도 의욕이 생기지 않는다면 정말로 의욕이 없는 것인지, 아니면 지금 하는 일에 싫증이 난 것인지 판단해봐야 합니다.

같은 일을 오랫동안 반복해서 경험이 쌓이면 일하기가 수월 해집니다. 하지만 이와 동시에 일에 대한 열정은 식어버립니다. 일이 일상적인 작업이 되면서 신선함과 흥분을 느끼기 어려워지고 의욕도 생기지 않게 되는 것이지요. 싫증은 이를 두고 쓰는 단어입니다.

이럴 때는 일부러 어려운 일에 도전해보는 것이 좋은 방법입니다. 상사에게 새로운 일을, 그것도 가급적 더 어려운 일을 담당하게 해달라고 부탁해봅시다. 지금까지 해본 적이 없는 일을 하려면 수고롭기는 하지만 그 수고로움이 신선한 의욕을 불러일으킵니다.

누구나 같은 일만 하고 있으면 질리게 마련입니다. 이를 '심리적 포화 상태'라고 부릅니다. 아무리 카레라이스를 좋아하더라도 매 끼니 카레라이스만 먹으면 언젠가는 질리게 되지요. 일도 마찬가지여서 같은 일만 반복하다 보면 언젠가는 의욕이 떨어지게 마련입니다.

같은 일을 반복하면서 항상 의욕이 넘치기는 어렵습니다. 이럴 때 의욕이 나지 않는 이유를 자기자신에게서 찾으려 해서는 안 됩니다. 엄밀히 따지면 당신은 의욕을 잃은 것이 아니라 단지 싫증이 난 것일 뿐입니다.

듣기에 불편한 이야기일 수도 있지만, 쿨리지 효과(Coolidge effect)라는 것이 있습니다. 아무리 사랑하는 사이라도 오랜 시간 성관계를 지속하다 보면 상대에 대한 성적 욕망이 떨어지는데, 새로운 파트너를 만나면 줄어든 줄 알았던 성적 욕망이 살아나는 현상을 가리키는 용어입니다.

일도 이와 비슷합니다. 일에 싫증이 났을 때는 새로운 일을 해보거나 어려운 일에 도전해봅시다. 그러면 기분 전환이 되어서 의욕을 되찾을 수 있습니다.

대부분의 일본 기업은 몇 년 간격으로 사원들의 부서를 이동시켜서 그전까지 해본 적 없는 새로운 일을 하게 합니다. 이런 방식 때문에 일본은 아무리 세월이 흘러도 전문가를 키우지 못한다고 비판하는 목소리도 있지만, 나는 이런 순환보직 방식이 꽤 괜찮다고 생각합니다.

부서를 옮기면 몇 년마다 새로운 일을 할 수 있기 때문에 굳이 회사를 옮기지 않아도 새로운 기분으로 의욕을 낼 수 있기 때문입니다.

다만 '싫증이 난 것'과 '의욕을 잃은 것'을 구분해야 합니다. 지금 하는 일에 싫증이 났다면 사소한 일이라도 무엇이든 새로운 도전을 해봅시다. 비록 작은 일이라 할지라도 한두 가지 정도를 추가로 하게 되면 기분 전환이 되고 의욕도 되살아날 겁니다.

많은 일을 맡고 있는 사람이 한 가지 일만 하는 사람보다 의욕이 높은 이유는 몇 가지 일을 바꿔가며 하면서 기분 전환을 할 수 있기 때문입니다.

굿바이 무기력

싫증이 난 것과 의욕을 잃은 것을 혼동하지 마세요. 사소하지만 새로운 일에 도전해 신선한 의욕을 불러일으켜봅시다.

어차피 할 일이라면
내 일로 만들어라

· 사고의 전환 ·

귀찮은 잡일을 부탁받았을 때 "그건 제가 담당한 업무가 아닙니다"라며 단박에 거절하는 사람이 있습니다. 물론 직무 규정에 따라 각자의 업무가 세세하게 나뉘어 있을지도 모릅니다. 하지만 정해진 일만 하겠다는 태도는 그다지 바람직해 보이지 않습니다. 설령 자신의 일이 아니더라도 나를 위해서 기회가 있을 때 뭐든 도전해보는 것은 어떨까요?

요크대학의 애슐원 조시 박사는 중소 제조기업의 영업직 직원들을 대상으로 상품 개발에 참여하게 하는 실험을 했습니다. 영업과 개발은 전혀 다른 일이지만, 영업사원들을 상품 개발에 적극적으로 참여하게 했더니 상품 판매 의욕이 전보다 높아졌다고 합니다. 이미 만들어진 상품을 그저 팔기만 할 때는 수동적인 위치에 놓이지만 상품 개발에 의견을 낼 수 있게 되면 그 상품은 바로 '내 상품'이 됩니다. 자신의 상품이기 때문에 판매에도 자연스럽게 열의가 생기지요. 정해진 일만 해서는 힘이 나지 않습니다. 반면 여러 가지 일에 관여하기 시작하면 일이 점점 재미있어집니다. '내가 관여하고 있는 일'이 되기 때문입니다.

사람은 '자신의 일'을 할 때 의욕이 생깁니다. 다른 사람이 대신 해주는 일에는 의욕이 생기지 않습니다. 다른 사람에게 맡겨놓고 가만히 있으면 몸은 편할지 몰라도 재미는 느낄 수 없습니다.

당신이 고등학생이라고 가정해봅시다. 그런데 어쩌다 보니 학교 축제의 준비위원장을 맡게 되어 안내장을 만들고 간이 음식점을 준비해야 하는 입장이 되었습니다. 귀찮은 역할을 떠맡게 된 것이지요. 하지만 이것저것 준비를 하다 보니 '생각보다 꽤 재미있는데?' 하는 생각이 듭니다. 적어도 축제 당일에 참가만 하는 학생들보다는 잊지 못할 추억을 만들게 됩니다. 귀찮은 일이라고 도망만 쳤다면 결코 이런 기쁨을 얻을 수 없었을 테지요.

일도 마찬가지여서 자기 직무든 아니든 적극적으로 관여해야 합니다. 다른 사람에게 맡기고 편하게 살려고 할수록 일은 점점 재미없어집니다. 다른 사람에게 일을 맡겨놓고 '다행이다. 잘됐어'라고 마음속으로 안심하는 사람이 되어서는 안 됩니다. 귀찮은 일을 기쁘게 받아들여야 일을 즐길 수 있게 된다는 사실을 잊지 맙시다.

굿바이 무기력

귀찮은 일도 기쁜 마음으로 받아들이면 어느새 그 일에서 즐거움을 느끼게 됩니다. 남이 정해준 일만 해서는 열의가 생기지 않습니다. 여기저기에 적극적으로 관여해서 '나와 관련된 일'로 만들면 일이 재미있어집니다.

완벽주의가
나를 망친다

· 60점 마인드 ·

어떤 일이든 진지하게 임하지 않으면 좋은 성과를 거둘 수 없다고 합니다. 하지만 꼭 그렇지도 않습니다. '의욕이 없을 때'는 의욕이 없는 대로 일을 하면 됩니다.

미국에서 실시한 어떤 실험에 따르면 보고서를 쓰는데 소모한 시간과 보고서의 질은 사실상 아무런 상관관계가 없다고 합니다. 시간을 들이는 만큼 좋은 보고서를 쓸 수 있느냐 하면 꼭 그렇지도 않은 것이지요. 의욕이 없더라도 자기 나름대로 일을 완수하면 나름의 결과가 나오게 마련입니다.

지금까지 전혀 도전해본 적 없는 일을 해야 한다면 나름대로 의욕을 끌어올려야 할지도 모르지만, 평소에 하던 일이라서 실수 없이 처리하기만 해도 된다면 의욕이 없어도 잘할 수 있습니다. 세상에는 기합을 넣으면 넣을수록 좋은 성과를 거둘 수 있는 일과 그렇지 않은 일이 있습니다. 언제 어디서나, 어떤 상황에서건 정신을 바짝 차리고 기합을 넣어야 할 필요는 없습니다.

버지니아대학의 티머시 윌슨 교수는 잼의 품질을 평가하는 실험을 하면서 한 그룹에게는 꼼꼼하게 잼을 시식해본 뒤에 점수를 매기게 하고, 또 다른 그룹에게는 대충 적당히 평가를 하게 했습니다. 그런 뒤에 품질 평가의 정확성을 비교해보았더니 적당히 평가한 그룹이 더 좋은 결과를 냈다고 합니다.

이처럼 뭐든지 반드시 온 힘을 쏟아야 좋은 결과를 낼 수 있는 것은 아닙니다. 오히려 의욕을 내지 않고 자연스럽게 하는 편이 좋을 때도 있습니다. 그러니 의욕이 나지 않는다고 너무 걱정하지 말고 자유롭고 자연스럽게, 다만 실수만 조심하면서 일하면 된다고 생각하기 바랍니다. 그런대로 일을 처리할 수 있으면 합격점이라고 스스로에게 말해줍시다. 자신에게 엄격하게 굴지 말고 허들을 낮춥시다.

업무적인 부분에서 항상 완벽하려고 노력하다 보면 일 자체가 고통이 됩니다. 반면에 60점 정도면 만족스럽다고 생각하면 어깨에서 힘을 빼고 일할 수 있습니다. 아이러니하게도 힘을 빼고 일할 때 오히려 좋은 결과가 나오는 경우도 있습니다.

계속해서 기합을 넣는데도 좀처럼 자신이 생각한 결과가 나오지 않을 때는 살짝 긴장을 늦추고 일을 해보면 어떨까요? 미간을 찌푸리고 잔뜩 굳은 표정으로 일을 하면 기합은 들어갈지 몰라도 결과는 기대에 미치지 못할 수도 있습니다. 편안하게 웃는 얼굴로 일할 때 좋은 결과를 거두게 되는 경우도 적지 않다는 사실, 기억하기 바랍니다.

굿바이 무기력

만점을 받으려고 하면 괴로워집니다. 60점이면 충분하다고 생각하면 움츠러들었던 어깨가 펴집니다.

도스토옙스키의
다작 비결

·의무와 책임·

위스콘신대학의 리 한슨 교수는 직장인 2,403명의 1년 수입을 조사해서 돈을 벌려는 의욕이 강하고 최선을 다하는 사람들의 공통점을 찾아냈습니다. 그 공통점은 바로 '결혼한 사람'이란 것이었습니다.

기혼자는 가족을 부양할 의무와 책임이 있습니다. 자신이 일하지 않으면 가족을 먹여살릴 수 없는 것이지요. 그렇기 때문에 결혼한 사람 중에 노력파인 사람이 많았던 것입니다. 이처럼 의욕을 발휘하려면 '필요성'이 있어야 합니다. 결혼을 하면 좋든 싫든 간에 가족을 위해서 노력할 필요성이 생기는 것처럼 말입니다.

과거 일본에서 한 집안의 가장에게 의욕이 생기지 않는다는 말을 하는 것은 일종의 금기였습니다. 의욕이 없어도 어떻게든 끄집어내서 악착같이 일하지 않으면 가족들이 길거리에 나앉게 되는 것이 현실이었기 때문이지요.

그런데 오늘날 일본에는 과거에 비해 의욕이 없는 사람들이 늘고 있습니다. 과거에 비해 좋아진 사회 복지 서비스에 그 원인 중 일부가 있는 것은 아닌가 생각합니다.

지금은 아등바등하며 죽기 살기로 일하지 않아도 국가와 지역에서 생활보호를 받으면서 어떻게든 살아갈 수 있습니다. 단적인 예로 지금 일본에서는 노숙자도 일명 '부자병'이라 불리는 당뇨병에 걸릴 만큼 빈틈없는 복지가 이루어지고 있습니다. 이런 상황에서는 하루하루 끼니를 걱정해야 했던 예전만큼 의욕이 생기지 않는 것도 어쩌면 당연합니다. 무엇보다 원초적인 생존을 위해 의욕을 낼 '필요성'이 없어졌습니다.

그리고 보면 예전에는 사람들이 남을 도와줄 여력이 없었습니다. 자기 스스로 열심히 살지 않으면 정말로 목숨을 부지하는 게 어려웠지요. 그런 시대에 살아 남으려고 치열하게 세상과 부딪치다 보면 의욕이 없다는 변명은 사치였을 겁니다. 더군다나 자기 한 몸이 아니라 먹여살려야 할 가족들이 있다면 사그라지는 의욕까지 닥닥 긁어모아야 했을 겁니다.

러시아의 대문호 표도르 도스토옙스키는 다작을 한 것으로 유명한데요. 그 이유가 의외입니다. 바로 도박으로 진 빚을 갚기 위해서였다고 합니다. 그는 원고료가 들어오자마자 다시 도박에 쏟아붓는 것이 일상이었기 때문에 항상 마감에 쫓기며 살았습니다. 하지만 그 덕분에 우리는 《죄와 벌》, 《카라마조프가의 형제들》, 《악령》같은 명작을 읽을 수 있게 되었지요. 도스토옙스키에게는 미안한 이야기이지만 결과적으로는 잘된 일인지도 모르겠습니다.

볼프강 아마데우스 모차르트가 계속해서 작곡을 한 이유도 부인인 콘스탄체의 사치 때문이었습니다. 콘스탄체는 씀씀이가 헤픈 것으로 유명했는데 모차르트는 사랑하는 아내를 위해서 계속 작곡을 해서 돈을 벌어야만 했습니다. 만약 콘스탄체가 현명한 아내여서 모차르트가 금전적으로 힘든 상황에 놓이지 않았더라면 그렇게 열심히 작곡을 하지 않았을지도 모릅니다.

이처럼 자신이 부담해야 할 의무와 책임감은 의욕의 원천이 되기도 합니다. 한 가족을 이끄는 가장으로서 책임가, 한 회사의 구성원으로서 수행해야 할 의무를 건전한 의욕의 원동력으로 활용해보는 것은 어떨까요?

의욕이 강하고 열심히 노력하는 사람은 가족을 부양할 의무와 책임을 지고 있는 경우가 많습니다.

3장

무기력도
습관이다

무기력에서
'무'를 제거하는 습관 기술

기억하라,
의욕도 고갈된다

·의욕 총량의 법칙·

24시간 계속 달릴 수 있는 사람은 없습니다. 체력이 떨어지면 누구나 쉬어야 합니다. 마찬가지로 24시간 쉬지 않고 맹렬하게 일할 수 있는 사람은 없습니다. 알다시피 인간의 체력은 무한하지 않습니다. 그런데 왠지 모르게 정신력은 계속해서 나올 거라고 믿는 사람이 많습니다. 그러나 이는 엄연한 착각입니다. 정신력 또한 명확한 한계가 있습니다.

항상 활기차게 살 수는 없는데 그것이 가능하다고 믿는 사람은 정신력의 총량을 무시하고 무리하게 됩니다. 그러다가 결국 기력이 쇠하고 정신적으로 약해지면 '나는 안 돼' 하면서 자책하게 되지요. 기억합시다. 정신력은 체력과 마찬가지로 총량이 정해져 있습니다.

의욕이 생기지 않을 때는 기력이 모조리 소진된 상태인지 아닌지 따져보고 필요하다면 휴식을 취해야 합니다. 기력에도 한계가 있기 때문에 한계를 넘어서면 그 이상은 아무리 노력하고 스스로 질책하면서 기합을 넣으려고 해도 소용이 없습니다.

'의욕'이 없는 사람은 없습니다. '의욕'은 누구에게나 있습니다. 다만 의욕도 체력처럼 쓰면 줄어들고 사람마다 총량이 정해져 있다는 사실을 기억해야 합니다. 정신력은 무한한 것이 아니기 때문에 피곤하다고 느껴지면 하던 일을 멈추고 잠시 쉬는 편이 좋습니다. 한동안 쉬다 보면 의욕과 정신력도 체력처럼 회복되는 것이 느껴질 겁니다.

어쩐지 작업 효율이 안 좋은 것 같은데?
오늘은 왠지 일할 마음이 안 생기는데?

이런 생각이 든다면 몸이 휴식을 원한다는 신호를 보내고 있는 것입니다. 이럴 때는 조금 쉬어서 기력을 회복해야 합니다. 힘에 부칠 때 이를 악물고 버티다 보면 오히려 역효과가 날 수도 있습니다. 맛있는 음식을 먹거나 수면을 취하거나 취미에 몰두해서 에너지를 축적해야 합니다.

물론 기력이 없어졌을 때 조금 더 참고 노력해서 기력 에너지의 총량을 늘릴 수도 있습니다. 이는 마라톤 선수가 힘든 고산지대에서 훈련함으로써 폐활량과 체력을 키우는 것과 같은 원리입니다. 그러나 아무리 발버둥쳐도 무한한 정신력을 갖는 것은 불가능하다는 사실은 분명히 알고 있어야 합니다.

아무리 해도 의욕이 생기지 않을 때는 따뜻한 욕조에 몸을 담그거나, 이불을 뒤집어쓰고 푹 쉬는 편이 좋습니다.

굿바이 무기력

의욕도 체력처럼 총량이 정해져 있습니다. 도저히 의욕이 생기지 않을 때는 기력을 전부 소진했다고 생각하고 휴식을 취해야 합니다.

의욕도 습관이다

·의욕 자동화 시스템 1·

이 책의 목적은 '어떻게 하면 의욕을 샘솟게 할 수 있을까?'
를 심리학적으로 고찰하기 위한 것이지만, 사실 애초에 의욕
따위에 기대지 않아도 어떻게든 생활할 수 있는 구조나 습관
을 만드는 편이 훨씬 현명한 대처입니다. 일을 할 때마다 일
일이 의욕을 끌어내야 한다면 상당히 귀찮을 테니까요. 그래
서 습관이 중요합니다. 굳이 의욕을 끄집어내려고 애쓰지 않
아도 자신에게 주어진 일을 소화할 수 있는 습관을 만들어두
면 자동적으로 주어진 일을 해낼 수 있습니다.

일본의 대표적인 프로야구 선수 스즈키 이치로는 '연습 벌

레'로 정평이 나 있습니다. 그는 저녁 7시에 시합이 있어도 오후 1시 반에는 구장으로 '출근해' 연습을 시작한다고 합니다. 그가 남보다 의욕이 넘치는 사람이라서 그러는 걸까요? 그렇지 않습니다.

어느 기자가 "연습을 좋아하시나 보군요?"라고 물었을 때 이치로 선수는 "아니요, 연습은 싫어합니다. 좋아서 연습하는 사람은 정말 드물지 않을까요?"라고 답했습니다.

그렇다면 스즈키 이치로 선수는 어떻게 매일 싫어하는 연습을 열심히 할 수 있는 걸까요? 그것이 그에게는 '당연한 일'이기 때문입니다. 구장에 일찍 나와 연습하는 것은 그가 평생 몸에 익힌 습관이지 억지로 의욕을 끌어올려서 하는 일이 아닙니다. 그에게 연습은 숨쉬는 것처럼 당연히 해야 하는 일상인 것이죠.

어떤 일이든 습관이 되지 않은 일을 하려면 그 일을 할 때 다소 하기 싫거나 귀찮기도 하고 일부러 의욕을 내서 움직여야 합니다. 하지만 일단 습관화(자동화)되고 나면 일부러 의욕을 낼 필요가 없습니다.

누구나 아침저녁으로 이를 닦는 습관이 있지요. 여기서 한 가지 질문을 해보겠습니다. 이를 닦을 때 '의욕'이 필요한가요? 대부분의 사람이 그렇지 않을 겁니다. 아무 생각 없이 당연하게 이를 닦을 겁니다. 개를 산책시키는 일을 일과로 삼고 있는 사람은 매번 의욕을 끌어올려서 개를 데리고 나가지 않을 겁니다.

일도 마찬가지입니다. 굳이 의욕에 기대지 않아도 자연스럽게 할 수 있도록 습관화할 수 있습니다. '오후 1시부터 3시까지는 전화도 안 받고 누구와도 잡담을 하지 않으면서 일에만 집중하겠다'고 정했다면 습관이 될 때까지 조금 힘들더라도 실천해봅시다. 그렇게 매일매일이 쌓여 그 일이 습관이 되면 그 시간대만 되어도 아주 자연스럽게 몰두할 수 있게 됩니다.

런던대학의 필립 랠리 교수는 어떤 일을 습관으로 만들기 위해서는 '일관된 행동'이 중요하다고 했습니다. 하다 말다 하면 습관화되지 않기 때문에 처음에는 어렵더라도 의식적으로 꾸준히 계속 같은 행동을 하는 연습을 해야 합니다.

랠리 교수에 따르면 어떤 행동이 습관화되어서 95퍼센트의 확률로 그 행동을 하게 만들기까지 걸리는 시간은 개인차가 상당히 크기는 하지만, 대개의 경우 18일에서 254일 정도라고 합니다. 편차가 크긴 하지만, 빠른 사람은 18일이면 행동을 습관화할 수 있는 것이지요.

대략 2주 정도는 의식적으로 열심히 행동해야 하지만 이 정도 기간이 넘어서면 억지로 하던 일도 습관으로 몸에 정착한다고 생각해도 됩니다. 매번 의욕을 내지 않아도 될 정도가 되는 것이지요. 이렇게 습관이 형성되기 전까지는 열심히 행동을 반복해서 가능한 한 빨리 내 습관으로 정착시키는 것이 좋습니다.

굿바이 무기력

어떤 행동이 습관화되어서 95퍼센트의 확률로 그 행동을 하게 만들기까지 빠른 사람은 18일 정도 걸립니다. 눈 딱 감고 2주만 노력해보는 건 어떨까요?

첫 두 달의
위기를 넘겨라

· 의욕 자동화 시스템 2 ·

그럼 오늘도 열심히 의욕을 내야지!

매일 이렇게 외쳐야 할 수 있는 일이라면 몸도 마음도 지치기 쉽습니다. 하지만 앞에서 살펴보았듯이 어떤 일이든 습관화되면 의식할 필요조차 없이 저절로 움직여지는 것이 우리 몸입니다. 매우 다행스러운 일이죠.

서던캘리포니아대학의 데이비드 닐 교수에 따르면, 의지력이 저하되었을 때도 제대로 정착된 습관을 가진 사람은 그 행동을 계속할 수 있습니다. 아니, 오히려 어떤 행동이 습관화되고 나면 이를 하는 것보다 하지 않는 것이 더 힘듭니다. "지키지 않아도 된다"라는 말을 들어도 그 행동을 하지 않으면 뭔가 마음에 걸려서 참을 수 없게 되는 것이지요.

예를 들어, 매일 목욕을 하는 습관이 있는 사람이라면 목욕을 하지 않고 잠자리에 들면 왠지 찜찜합니다. "오늘은 땀도 별로 흘리지 않았으니 하루쯤은 그냥 자도 된다"라는 말을 듣더라도 여전히 목욕을 하고 싶은 생각이 들 겁니다. 매일같이 머리를 감는 사람은 "2~3일쯤 머리를 안 감아도 안 죽는다"라는 말을 들어도 머리를 감지 않으면 계속 찜찜한 마음이 들겠지요. 머리에 기름기가 가득한 것 같은 느낌이 들어서 감지 않고는 견디지 못할지도 모릅니다.

마찬가지로 프로 스포츠 선수는 "연습을 하지 않아도 된다"라는 말을 들어도 연습을 하고 싶어서 몸이 근질거릴 겁니다. 전문 댄서는 "오늘은 춤을 안 춰도 된다"는 말을 들어도 한 차례 춤을 춰서 땀을 흘리지 않으면 뭔가 마음에 걸려서 잠을 이루지 못할지도 모릅니다. 이처럼 습관은 강한 힘으로 우리 행동을 속박합니다. 거기에서 빠져나오려면 반대되는 의욕이 필요할 정도입니다.

다만 앞에서 살펴보았듯, 행동이 습관으로 정착하기까지는 상당한 시간 노력해야 합니다.

노스다코타주립대학의 케빈 맥콜 교수는 칫솔로 하는 양치에 더해 치실을 사용해서 치아 사이까지 깨끗하게 손질하는 습관을 만드는 실험을 해보았습니다. 그런데 2개월 뒤까지 제대로 습관이 정착된 사람은 불과 23퍼센트에 지나지 않았습니다. 하지만 2개월의 시간을 이겨낸 사람은 그 후에도 양치 습관을 계속 지켰다고 합니다.

나는 어떤 일이든 정신력으로 극복하자는 식의 논리를 그다지 좋아하지 않지만, 일단 어떤 일을 습관으로 만들기 위해서는 '근성'이 어느 정도 필요합니다. 특히 처음 한두 달은 최선을 다해 습관을 붙이기 바랍니다.

굿바이 무기력

2개월 동안 어떤 행동을 제대로 습관화시킬 수 있는 사람은 23퍼센트에 불과하지만, 일단 습관이 자리 잡으면 하려고 생각하지 않아도 저절로 하게 됩니다.

무기력이 도망가는 자세

·파워 포즈·

검도든 다도든 공부든 전문가들은 모두 '바른 자세'를 강조합니다. 바른 자세가 보기에 좋을 뿐 아니라 자세가 바르면 집중력이 높아진다는 사실을 경험적으로 알기 때문입니다. 실제로 바른 자세는 뇌를 자극해 집중력을 올려준다는 실험 결과가 여럿 있습니다. 반대로 나쁜 자세를 하고 있으면 집중력과 지속력이 떨어집니다. 흐트러진 자세를 취하면 마음도 흐트러지는 것이죠. 드러누운 자세로 "그럼 이제 의욕적으로 일해보자!"라고 외쳐본들 늘어진 마음을 추스르기는 힘듭니다.

허리를 곧게 펴고 2분 정도 정좌 자세로 앉아봅시다. 처음

에는 불편하더라도 차츰 서서히 마음속에 의욕이 넘치기 시
작할 겁니다. 우리 마음은 자신이 취하는 자세에 쉽게 영향을
받기 때문에 의욕을 높이고 싶다면 일단 의욕이 생기는 자세
를 잡아야 합니다.

캘리포니아주립대학의 다나 카니 교수는 파워 포즈(power
pose)라는 용어로 바른 자세의 원리를 설명합니다. 다나 카니
교수에 따르면, 우리가 취하는 자세는 신체 면역계의 반응에
영향을 줍니다.

다리를 벌리고 양손을 크게 벌리는 것은 대표적인 파워 포
즈입니다. 이런 자세를 취하고 있으면 의욕의 원천이 되는 호
르몬인 테스토스테론이 활발하게 분비됩니다. 다나 카니 교
수의 실험에 따르면 파워 포즈를 취할 경우 86.36퍼센트의 사
람이 테스토스테론 수치가 상승했습니다. 상당히 효과적인
방법이지요. 반면 양손을 무릎 사이에 끼고 앉는 등 수동적인
자세를 취하면 테스토스테론의 분비가 떨어진다는 사실도 확
인했습니다.

지쳤다는 생각이 들면 다리를 어깨 넓이만큼 벌리고, 양손을
위로 힘껏 올려 크게 벌리는 파워 포즈를 취해봅시다. 이 자세

를 1분 동안만 유지해도 눈에 띄는 효과를 볼 수 있습니다.

다나 카니 교수는 피실험자에게 1분 동안 파워 포즈를 취하게 했더니, 불과 1분 사이에 심리뿐 아니라 면역계에도 상당한 변화가 나타났다고 했습니다. 딱 1분 동안만 '강해 보이는 자세'를 취해봅니다. 우리 마음이 강해지는 것을 느낄 수 있을 겁니다.

자세는 곧 의욕을 상징합니다. 새우등을 하고 고개를 푹 숙이고 있으면 의욕이 날 리 없습니다. 약해 보이는 자세를 하고 있으면 의욕도 약해집니다. 설령 당장 의욕이 생기지 않더라도 의욕적으로 느껴지는 자세를 취하는 태도가 중요합니다. 영업력을 강조하는 일본 회사에서는 지금도 아침 조회 시간에 사원들이 함께 모여 오른손을 높이 들고 큰 소리로 "할 수 있다! 할 수 있다!"라고 외치는 풍경을 볼 수 있습니다. 심리학적으로 말하면 매일 아침 사원들의 마음에 감춰져 있는 의욕을 이런 포즈를 통해 끌어내는 것이라고 해석할 수 있습니다.

학교에서 학생들에게 체조를 가르치는 것도 이와 비슷한 메커니즘입니다. 일본의 국민체조 동작 중에는 양손을 들어올리는 동작이 있는데, 그런 자세는 심리적으로 긍정적인 효과를 불러옵니다.

'의욕이 안 생기네……' 하는 생각이 든다면 파워 포즈를 취해봅시다. 자세의 변화 하나로 무기력을 날려버릴 수 있을 겁니다.

굿바이 무기력

다리를 벌리고 양손을 크게 벌리는 포즈를 취해봅시다. 마음속에서 의욕이 샘솟는 것을 느낄 수 있습니다.

인내심을
두 배로 올리는 법

·팔짱 끼기·

진지하게 일하려는 마음은 있지만 좀처럼 집중되지 않을 때가 있습니까? 그럴 때는 잠시 멈춰서 팔짱을 껴봅니다. 팔짱을 끼는 것은 무언가 생각할 거리가 있을 때 자기도 모르게 취하게 되는 자세인데, 이 자세는 집중력과 지속력을 높이는 효과가 있습니다.

'지쳤어. 이제 그만둬야지' 하며 자리를 박차고 일어나고 싶은 유혹이 들 때, 잠시 하던 일을 멈추고 팔짱을 껴봅시다. 어떤 일이 일어날까요? '조금만 더 힘을 내볼까?' 하는 생각이 마음속에서 슬금슬금 고개를 내미는 경험을 하게 될 겁니다.

영국 체스터대학의 론 프리드먼 박사는 학생들을 대상으로 마구 흩어놓은 알파벳을 배열해 의미 있는 단어를 만드는 애너그램(철자 바꾸기) 놀이를 시켰습니다. 예를 들어, 'O, S, P, H'라는 알파벳이 주어지면 순서를 맞춰서 'SHOP'이라는 단어를 만드는 것이지요. 그런데 론 프리드먼은 심술궂게도 학생들에게 절대로 풀 수 없는 애너그램을 제시했습니다. 뒤죽박죽 섞여 있는 알파벳을 제시해서 단어를 맞출 수 없도록 한 것입니다. 이 실험에서 그가 알아보려고 했던 것은 '풀 수 없는 과제가 주어졌을 때 자세의 차이에 따라 의욕과 집중력이 달라지는가'였습니다.

프리드먼은 학생들을 반으로 나누고 한 그룹에게는 손을 무릎에 올리고 과제를 해결하게 했습니다. 그리고 포기할 때까지의 시간을 측정했습니다. 대략 30초 만에 대부분의 학생이 과제 풀기를 포기했습니다. 나머지 절반의 그룹에게는 팔짱을 끼고 과제를 해결하게 했습니다. 놀랍게도 이 그룹이 포기할 때까지 걸린 시간은 평균 55초였습니다. 팔짱만 껴도 2배나 인내심이 강해진 것이지요.

'이제 그만두고 싶다'는 마음이 든다면, 묻지도 따지지도 말고 일단 팔짱을 껴봅시다. 팔짱을 낀다는 것은 '이 자리에서 움직이지 않겠다'는 의미를 담은 부동의 자세라고도 할 수 있습니다. 이런 자세는 포기하려는 자신을 질타해서 그 자리에 머물게 하는 효과가 있습니다.

스포츠 중계방송을 보다 보면 벤치에 있는 코치나 감독이 심각한 표정을 하고 팔짱을 끼고 있는 모습이 비칠 때가 있습니다. 특히 자신의 팀이 지고 있을 때 팔짱을 낀 감독의 모습을 심심치 않게 볼 수 있습니다. 왜 많은 감독이 이런 상황에서 팔짱을 끼고 있는지 심리학적으로 분석해보면 팔짱을 낌으로써 '절대 포기하지 않겠다', '시합은 아직 끝난 게 아니다'라는 의욕을 무의식적으로 표출하는 것입니다.

포기하고 싶은 순간이 왔을 때 속는 셈치고 한번 팔짱을 껴보면 어떨까요?

굿바이 무기력

많은 스포츠팀 감독이 시합에 지고 있을 때 팔짱을 끼는 것은 '포기하지 않겠다'는 자기 암시의 표현이기도 합니다. 포기하고 싶은 순간, 팔짱을 껴보세요.

포기하고 싶을 때, 주먹 한 번

·주먹 쥐기·

무슨 일을 해도 쉽게 질리고 금방 기세가 꺾이는 사람이 있습니다. 이들은 일을 시작하기도 전에 지고 들어가는 사람이라고 할 수 있습니다.

어차피 뭘 해도 소용없는 짓이야.
그냥 포기하는 게 낫지.

일이 조금만 뜻대로 흘러가지 않아도 금세 이런 부정적인 생각에 사로잡히는 사람이 있습니다. 아무리 좋은 기회가 와도 이런 마음가짐을 갖고 있다면 될 일도 되지 않습니다. 이런 생각이 마음을 지배한다면 어떻게 해야 할까요? 바로 효과를 볼 수 있는 방법이 있습니다. 힘껏 주먹을 쥐어보는 겁니다. 주먹은 사람을 때릴 때 취하는 공격적인 동작입니다. 주먹을 쥐고 있으면 본능적으로 공격성 또는 적극성이 생겨납니다. 거짓말 같다고요? 과학적으로 입증된 사실입니다.

리스본대학의 심리학자 토머스 슈베르트는 '어떤 작업을 하면서 집중력을 잃지 않고 다른 작업도 할 수 있는지를 측정한다'는 가짜 명목을 내세워서 실험에 참가할 사람들을 모집했습니다. 이렇게 모인 사람들에게 주로 사용하는 쪽이 아닌 반대쪽 손으로 가위바위보 중 하나의 동작을 한 채 심리 테스트를 받게 했습니다. 그러자 주먹을 쥔 채 심리 테스트를 받은 사람이 가위나 보 동작을 한 비교군에 비해 적극적이고 자신감 있는 반응을 보인다는 것을 알아냈습니다.

주먹을 쥐기 전에 별다른 사전 행동이나 특별한 도구, 마음가짐이 필요한 것도 아닙니다. 기분이 침체될 때, 일이 잘 풀리지 않아서 기가 죽을 때는 그냥 주먹을 힘껏 쥐어봅시다. 그러면 '호락호락하게 질 수는 없지!' 하는 강한 마음을 되찾을 수 있습니다.

사람의 심리는 자신이 취하는 자세에 크게 영향을 받습니다. 권투 선수들은 시험을 앞두고 가상의 상대방을 상상하며 주먹을 휘두르는 연습(세도 복싱)을 합니다. 이런 과정은 무기력을 몰아내고, 자신감을 불러일으키는 일종의 방아쇠 역할을 합니다.

일상 생활을 하며 매번 세도 복싱을 하기는 어렵습니다. 대신 교섭을 할 때 심리적으로 질 것 같으면 테이블 밑에서 조용히 주먹을 쥐어봅시다. '조금 더 힘을 내자'라는 생각이 들고 의욕이 되살아날 겁니다.

굿바이 무기력

행동이 마음을 바꿉니다. 기세가 꺾일 것 같을 때는 주먹을 꽉 쥐어 봅시다.

결코 고개
숙이지 말 것

·라켓 업·

테니스에서는 수세에 몰리더라도 결코 라켓을 아래로 내려서는 안 된다는 금언이 있습니다. 이를 라켓 업(Racket-up)이라고 합니다. 농구에도 이와 유사한 용어가 있습니다. 핸즈 업(Hands-up)이 그것입니다. 농구 코치들은 수세에 몰리면 의식적으로 양손을 높이 들라고 지도합니다. 질 것 같은 자신을 무의식중에 질책해서 분발하게 한다는 점에서 이 자세는 라켓 업과 같은 효과를 냅니다.

일상에서도 마찬가지입니다. 심리적으로 위축되면 테니스 선수가 라켓을 아래로 늘어뜨리는 것처럼 자연스레 팔이 아래로 처집니다.

매일같이 몸이 무겁거나 의욕이 생기지 않는 사람은 몸 전체가 늘어져 있습니다. 눈썹과 입꼬리, 어깨가 내려가 있을 뿐만 아니라 등도 굽어 있습니다. 자세가 곧 의욕을 반영하는 것이지요. 이런 자세를 취하고 있으면 덩달아 기분도 축 처지기 마련입니다.

특히 마음가짐에 크게 영향을 주는 부위는 '턱'입니다. 활력이 없고 에너지가 없는 사람들은 하나같이 턱이 내려가 있고, 고개를 떨어뜨리는 듯한 자세를 취하고 있는 경우를 자주 봅니다. 그렇다면 반대되는 자세, 다시 말해 항상 턱을 위로 향하게 하는 자세를 취하면 기분도 고양되고 의욕도 샘솟지 않을까요? 이 가설은 심리학적으로 봤을 때 일리가 있습니다.

콜로라도대학의 토미 로버츠 교수는 남녀 대학생을 두 개 그룹으로 나눠서 한쪽 그룹에는 어깨를 펴고 목을 곧추세우고 턱을 올린 자세로 총 19개의 난이도가 높은 수학 문제를 풀게 했습니다. 또 다른 그룹에게는 어깨를 늘어뜨리고 고개를 떨어뜨린 자세를 하고 같은 문제를 풀게 했습니다.

그랬더니 다음의 표와 같은 차이가 나타났습니다. 여러 차

턱을 들고 있으면 의욕이 생긴다		
19문제 중 푼 문제 수	남성	여성
턱을 든다	12.80문제	9.96문제
턱을 내린다	8.91문제	9.81문제

레 같은 실험을 진행했는데 결과는 비슷했습니다.

턱을 내리고 문제를 푼 그룹은 '내가 이런 어려운 문제를 풀 수 있을 리 없지'라며 금방 포기해버려서 풀어낸 문제의 수가 적었습니다. 반면 의식적으로 턱을 들고 문제를 푼 그룹은 '한번 해보자'라는 마음으로 문제에 몰입해서 결과적으로 풀어낸 문제가 많았습니다.

이 실험은 남성을 대상으로 했을 때, 그 격차가 훨씬 크게 나타났습니다. 여성도 턱을 들고 있을 때 의욕이 높아졌지만, 고조되는 정도가 남성에 비해서는 크지 않았습니다. 자세에 따른 동기부여의 남녀 차는 아직 그 이유가 정확히 밝혀지지 않았습니다.

고개를 떨어뜨린 자세는 패배자의 자세입니다. 패배자의 자세를 하고 있으면 정말로 패배자가 된 기분이 듭니다. 어떤

상황에서도 목에 힘을 주고 당당하게 턱을 들어야 합니다. 자세가 곧 마음입니다.

기운을 잃고 심리적으로 패배한 사람은 하나같이 고개를 떨어뜨립니다. 당당한 자세를 취하고 있으면 기분이 고조되고 의욕도 샘솟습니다.

단 10분의 기적

·10분 운동·

일상에서 오는 스트레스는 가능하면 그날그날 처리하는 것이 좋습니다. 살다보면 사소한 스트레스를 대수롭지 않게 넘기는 경우가 많은데 작은 스트레스라 할지라도 쌓이고 쌓이면 결국 큰 스트레스가 됩니다. 스트레스가 축적되면 의욕도 생기지 않습니다.

그렇다면 어떻게 축적된 스트레스를 풀어버릴 수 있을까요? 가장 좋은 방법은 운동입니다. 운동은 심리를 안정시키고, 마음을 환하게 해주는 효과가 있습니다. 그런데 운동을 하라고 하면 매일 한 시간 이상 투자해야 한다고 생각하는 사람이 많습니다.

매일 하는 운동이라면 10분 정도만 투자해도 충분합니다. 10분 정도면 일상 생활에도 별다른 지장을 주지 않습니다. 애리조나 주립대학의 셰릴 한센 교수는 실험 참가자들에게 헬스용 실내 자전거를 각각 10분, 20분, 30분 동안 타게 했습니다. 실험 결과, 운동 시간에 관계없이 피로, 긴장, 우울감을 나타내는 지표가 감소한 것으로 확인됐습니다. 주목할 점은 10분 동안 운동하면서 올라간 활력과 20분 이상 운동하면서 올라간 활력 사이에 큰 차이가 없었다는 겁니다.

운동 시간이 길면 길수록 효과가 높아질 것 같지만 꼭 그렇지는 않습니다. 10분만 운동해도 활력이 최고조에 도달했습니다. 그 이상 운동을 계속해도 눈에 띄는 효과는 없었습니다. 물론 시간이 허락되고, 본인이 원한다면 20분, 30분씩 운동해도 좋지만 매일 10분 정도만 투자해도 충분히 활력을 얻을 수 있습니다. 단, 이것은 운동 효과를 배제하고 오직 활력만을 기준으로 평가한 것이란 점을 꼭 기억해두시기 바랍니다.

매일 10분을 운동에 투자해봅시다. 10분 동안만 시간을 내서 운동하면 되기 때문에 일하느라 바쁘다는 핑계는 통하지 않습니다. 겨우 10분도 시간을 낼 수 없을 만큼 바쁜 사람은 없을 테니까요. 그래도 도저히 시간을 내기 어렵다면 출퇴근할 때 일정한 거리를 파워 워킹 자세로 걷거나 자전거를 탑니다. 그러면 출퇴근 시간을 활용해 '하루 10분'이라는 운동량을 어렵지 않게 채울 수 있을 겁니다.

운동 습관을 들이면 스트레스를 줄이는 것 외에도 건강에도 좋고 기분도 상쾌해지는 등 다양한 효과를 얻을 수 있습니다. 당뇨병 같은 성인병이나 비만을 예방하는 데도 도움이 됩니다. 건강한 몸매를 유지하면 이성에게 호감을 줄 수 있습니다.

몸이 무거워지면 마음도 무거워지게 마련입니다. 하루에 딱 10분만이라도 운동 시간을 확보합시다.

굿바이 무기력

의욕을 불러일으키는데 있어 운동 시간을 늘린다고 해서 효과가 높아지는 것은 아닙니다. 하루 10분 운동이면 충분합니다.

일찍 자고
일찍 일어난다

·아침형 인간·

평소에 식생활에 신경을 쓰는 편인가요? 혹시 식사를 들쑥 날쑥하게 하고 어떤 때는 폭식하지 않나요? 잠은 어떤가요? 항상 같은 시간에 잠자리에 듭니까? 그리고 매일 적당히 운동을 하고 있습니까?

갑자기 왜 이런 질문을 하는지 궁금할 겁니다. 제대로 된 생활습관을 갖추지 않으면 의욕도 생기지 않습니다. 우리의 몸과 마음은 개별적인 존재가 아니라 서로 영향을 주고받는 관계입니다. 몸 상태가 좋지 않으면 마음의 건강도 나빠지고, 몸 상태가 좋으면 마음에도 활력이 넘칩니다. 마음이 강해지고 싶다면 건강한 생활 습관을 가져야 합니다.

뉴욕주립대학의 토머스 야체스키 교수가 오랫동안 추적 연구한 바에 따르면 생활 습관이 제대로 자리 잡힌 사람일수록 활동성이 높고 에너지가 넘친다고 합니다. 반대로 생활 습관이 좋지 않은 사람은 아무리 힘을 내려고 해도 기운이 나지 않습니다. 무슨 일을 하려고 해도 마음이 내키지 않고 귀찮은 기분이 앞서는 것이지요.

왜 그럴까요? 영양가 있는 식사를 하지 않으면 몸에 피로가 쌓이기 쉽습니다. 그리고 신체적으로 피로하면 마음에 영향을 주게 되어 의욕 또한 떨어집니다. 수면도 마찬가지입니다. 숙면을 취하지 못하거나 수면 시간이 부족한 사람 역시 몸에 피로가 쌓이고 이는 곧 정신건강에 나쁜 영향을 줍니다. 매일 의욕적으로 생활하고 싶다면 규칙적인 생활습관을 가져야 합니다. 몸 상태가 좋으면 마음 또한 좋은 상태가 됩니다.

한 가지 조언하자면, 꼭 한 번은 아침형 인간으로 살아볼 것을 권합니다.

미시간주립대학의 심리학자 바버라 왓츠는 아침형 인간과 저녁형 인간을 비교 연구했는데, 아침형 인간이 상대적으로 활력과 에너지 레벨이 높았다고 합니다.

자신의 생활습관을 되돌아보고 건강한 생활을 하도록 노력합니다. 폭식이나 폭음을 삼가고 정해진 시간에 잠자리에 드는 것은 의욕적인 생활을 하기 위한 필수 조건입니다.

굿바이 무기력

생활습관이 제대로 자리 잡힌 사람일수록 활동성이 높고 에너지가 넘치며 마음도 활기찹니다. 당장 내일부터라도 아침형 인간에 도전해보는 건 어떨까요?

디즈니랜드를 바꾼
한마디 인사

·전략적 딴짓·

리치 해밀턴은 자신의 책 《월트 디즈니의 아이디어 북》에서 매우 인상적인 에피소드를 소개했습니다. 디즈니랜드 놀이기구 담당자의 이야기입니다. 그가 맡은 역할은 사람들이 지나갈 때마다 "발밑 조심하세요, 발밑 조심하세요, 발밑 조심하세요"라고 세 번 반복해서 경고하는 일이었습니다.

간단한 일이지만 매뉴얼대로 "발밑 조심하세요"라는 말만 계속 반복하다 보면 당연히 의욕이 떨어지겠지요. 단순하게 반복되는 재미없는 일이니까요.

기계적으로 일하는데 지루함을 느낀 담당자는 어느 날부터 손님 한 사람 한 사람에게 말을 건네기 시작했습니다.

어? 멋진 티셔츠네요. 발밑 조심하세요.

쇼는 벌써 보셨나요? 발밑 조심하세요.

날씨가 더우니까 수분 보충도 꼭 해주세요. 발밑도 조심하시고요.

이런 식으로 손님들에게 말을 걸기 시작했더니 발밑을 조심하라는 말에 무표정한 얼굴로 대하던 손님들도 그에게 눈인사를 보내기 시작했습니다. 이런 변화를 눈여겨본 경영진이 여기에 착안해 이 같은 방식을 전 직원에게 시행하도록 했고, 그 결과 고객 만족도와 직원 의욕도가 모두 높아졌다고 합니다.

누구나 같은 작업을 반복하다 보면 싫증을 느끼기 쉽습니다. 기질상 쉽게 질리는 사람도 있지만, 누구든 같은 작업을 반복하다 보면 싫증을 느끼게 마련입니다. 그러니 일이 지루하고 싫증을 쉽게 내는 것은 당신 잘못이 아닙니다. 하지만 디즈니랜드의 직원처럼 자기 나름대로 새로운 방법을 모색해볼 필요는 있겠지요.

어떤 영업사원은 주택가를 돌아다니다가 멋진 정원이 있

는 집을 발견하면 집주인에게 부탁해서 정원 사진을 찍었습니다. 얼마 전 이사 간 새 집의 정원을 꾸미는데 참고하기 위해서였습니다. 이렇게 영업과 사진 촬영을 겸해서 다녔더니 이전까지 지루하기만 했던 외근 시간이 설레는 시간으로 바뀌어서 영업을 즐거운 마음으로 할 수 있게 되었다고 합니다. 외근이 즐거우니 실적도 함께 올랐습니다.

'업무 중에 사진이나 찍고 다니다니, 땡땡이치는 거나 마찬가지 아니야?'라고 생각하는 사람도 있겠지만, 그렇게 빡빡하게 생각할 필요는 없지 않을까요? 거리에서 멋진 풍경을 만났을 때 잠깐 멈춰 서서 사진을 찍는 것 정도는 일에 큰 지장을 주지 않을 테니 말입니다. 오히려 외근이 즐거워지고 실적 또한 향상됐으니 마냥 비판적으로만 볼 수도 없습니다. 그다지 하고 싶지 않은 일을 해야만 할 때, 이런 방법을 활용해봅시다.

나는 어린 시절 공부에 집중하지 못하는 아이였습니다. 초등학교에 다닐 때는 40분 정도 진행되는 수업이 너무 지루해서 가만히 앉아 있기가 힘들 정도였습니다. 그런데 어느 날 '선생님의 표정 변화를 관찰하는 놀이를 하면 어떨까?' 하는 아이디어가 떠올랐습니다. 그때부터 수업 시간은 선생님을 관찰하는 시간이 되었습니다. 그러다보니 어느새 지루한 수업을 즐길 수 있게 되었고, 신기하게도 성적까지 올라갔습니다.

우리 뇌는 같은 자극을 반복해서 받으면 지루함을 느끼게 되어 있습니다. 지루함을 느끼지 않도록 새로운 자극을 주어야 의욕도 높일 수 있습니다. 조금만 생각을 바꿔 반복되는 지루한 일에서 새로운 재미를 찾아봅시다.

굿바이 무기력

주어진 매뉴얼만 따르다 보면 의욕은 점점 떨어지게 마련입니다.
때로는 신선한 자극이 필요합니다.

책상을
자주 정리하지 마라

·책상 정리·

책상 위는 가능한한 깨끗하게 정리하라는 말, 들어보셨죠? 그런데 나는 이 말에 동의하지 않습니다. 물론 지나치게 어지럽혀져서 서류 하나를 찾으려고 해도 한참 동안 물건을 뒤적여야 할 정도라면 이야기가 달라지지만, 어디에 뭐가 있는지 알고, 찾으려는 물건을 금방 찾을 수 있다면 굳이 책상을 깔끔하게 정리할 필요는 없습니다.

드루 스콧은 《인생에 더 많은 시간을 쏟는 법》에서 이런 말을 했습니다. "만약 당신이 3분 이내에 서류를 찾아낼 수 있다면 책상 위를 정리할 필요가 없다."

3분은 조금 긴 것 같고, 1분 안에 서류를 찾을 수 있다면 굳이 책상을 정리할 필요가 없습니다. 심리학적인 관점에서 볼 때도 책상을 지나치게 깨끗하게 정리하는 것은 오히려 좋지 않습니다. 일을 할 때마다 매번 다시 준비를 해야 하니까요.

전날에 하다 만 일거리는 책상 위에 그대로 놔둬야 다음 날 곧바로 일을 시작할 수 있습니다. 책상 위를 깨끗하게 정리해두면 다음 날 서류를 하나하나 다시 꺼내야 하기 때문에 조금 귀찮은 생각이 들겠지요.

악기를 배울 때도 마찬가지입니다. 바이올린이나 기타를 배우려면 연습을 끝낼 때마다 케이스에 넣을 것이 아니라 꺼낸 채 방 안에 두면 어떨까요? 연습하려고 했을 때 금방 손에 닿을 만한 곳에 악기를 두면 연습하는 일이 귀찮지 않을 겁니다. 그런데 연습이 끝났다고 해서 악기를 케이스에 넣어서 수납장에 잘 정리해둔다면 매번 다시 꺼내야 합니다. 이런 번거로운 작업은 연습 의욕을 꺾게 마련입니다.

정리하는 것은 기본적으로 좋은 일이지만 다음에 행동할 때 시간과 품이 든다는 문제가 있습니다. 대부분의 사람이 그런 사소한 수고로움조차 귀찮다고 느끼며, 그런 일은 하기 싫어합니다.

일상적인 작업에 의욕이 생기지 않는다면 지나치게 정리정돈에 집착하고 있는 것은 아닌지 되돌아보기 바랍니다. 우리의 천성상 번거로운 일이 한두 가지만 있어도 의욕이 사라지기 때문에 일이 마무리될 때까지는 조금 지저분해도 그대로 두고, 다음 날에도 자연스럽게 행동으로 옮길 수 있는 태세를 갖춰놓읍시다.

굿바이 무기력

아무리 사소한 일이어도 '귀찮다'고 느끼면 쉽게 의욕을 잃게 마련입니다. 곧바로 일을 시작할 수 있도록 책상 정리는 적당히 합시다.

갑작스러운 스트레스에
대처하는 법

·타임아웃·

우리는 다른 사람이 가까이 있는 것만으로도 자기도 모르게 긴장합니다. 심박수와 혈압이 올라가고 뇌는 이를 스트레스로 인식합니다. 사람들로 꽉 찬 엘리베이터 안이나 출퇴근 시간의 붐비는 지하철 안을 좋아하는 사람은 없을 겁니다. 그도 그럴 것이 다른 사람이 가까이에 있다는 사실이 알게 모르게 우리에게 상당한 스트레스로 다가오기 때문입니다. 특별히 무언가를 하고 있는 것이 아닌데도 만원 지하철을 타고 있으면 기진맥진해지는 경험을 한 번쯤은 해보았을 겁니다. 이는 다른 사람들의 존재 자체가 상당한 심리적 부담을 주기 때문입니다.

사무실에서 일하고 있을 때 자기도 모르는 사이에 피로감을 느낀다면 좁은 공간에 다른 사람들과 함께 있기 때문일지도 모릅니다. 설령 시야에 들어오지 않더라도 다른 사람이 존재한다는 사실만으로 우리는 피로감을 느낍니다. 이럴 때 긴장을 풀고 싶다면 아무도 없는 곳으로 잠깐 몸을 피해 봅니다. 화장실이나 탕비실, 흡연실 등 사람이 없는 곳으로 피해서 심리적 안정감을 찾는 것이지요.

심리학에서는 이를 타임아웃 테크닉(time-out technic)이라고 부릅니다. 스트레스를 유발하는 자리를 벗어나면 일시적으로 마음이 후련해지고 평정심을 되찾을 수 있습니다. 타임아웃 테크닉은 스트레스를 해소할 뿐 아니라 조바심이 나고 화가 난 기분을 진정시키는 데도 효과적입니다. 초조함을 느낄 때는 재빨리 그 자리를 벗어나서 화장실 같은 독립된 공간에 들어가 한동안 앉아 있으면 금세 기분이 차분해집니다.

캘리포니아주립대학의 게리 에번스 교수에 따르면 같은 방 안에 사람들이 많이 있으면 혈압이 높아지고, 맥박이 빨라지는 등 우리 몸은 스트레스를 받게 됩니다. 그런 장소에서는 가능한 한 빨리 빠져나오는 편이 좋다는 사실은 두말할 필요도 없습니다.

의욕이 생기지 않는 데는 다양한 원인이 있는데 다른 사람의 존재 또한 그중 하나의 원인입니다. 다른 사람이 가까이에 있으면 그 사람의 시선이 신경 쓰여서 집중력이 떨어지고 의욕도 생기지 않습니다.

물론 다른 사람이 있어야 의욕도 생기고 일의 능률도 올라가는 정반대 성향인 사람도 있습니다. 과시욕이 강한 사람은 주변에 자신을 주시하는 사람이 있어야 기합이 들어갑니다.

각자의 성격에 따라 다르겠지만 다른 사람이 있을 때 스트레스를 잘 받는 성향이라면 적당히 분위기를 봐가며 이따금 긴급 대피를 하면서 스트레스를 발산하는 방법을 찾는 편이 좋습니다.

굿바이 무기력

스트레스를 받았다면 그 자리에서 참지 말고 어디든 사람이 없는 곳으로 대피합니다.

의욕도 때론
스위치를 꺼야 한다

·의욕 스위치·

'이 이상 열심히 하려고 애쓰면 위험하다!' 우리의 뇌가 이렇게 경고하면 뇌 안에 있는 의욕 스위치가 자동적으로 꺼집니다. 만약 이럴 때 억지로 의욕을 내려고 하면 정신적으로 충격을 받을 수도 있기 때문에 그렇게 되지 않도록 뇌가 브레이크를 거는 것입니다.

인간의 근육은 평상시에는 100퍼센트의 힘을 내지 않도록 제어됩니다. 항상 100퍼센트의 힘을 낸다면 근섬유가 손상될 수도 있기 때문에 70~80퍼센트까지만 힘을 내도록 제한 수치가 설정되어 있는 것이지요.

단, 제한이 해제되는 경우가 있습니다. 예를 들어, 아이가 차에 치일 것 같은 긴급 상황에 아이를 구하러 뛰어가거나 화재 현장에서 무거운 금고를 끌어내는 것 같은 경우에는 100퍼센트의 힘을 발휘합니다. 그야말로 '위급한 상황에서 나오는 초인적 힘'이지요. 하지만 그런 특별한 상황을 제외하면 원한다고 해서 자신의 힘을 온전히 발휘할 수 있는 것은 없습니다.

마음도 마찬가지입니다. 망가져버리기 전에 반드시 브레이크가 걸립니다. 그 전형적인 증상이 우울증입니다. 우울증 증상이 나타나면 '더 이상 열심히 애쓰면 안 된다'고 뇌가 판단해 의욕 스위치를 강제적으로 차단합니다. 그래서 우울증에 걸린 사람은 의욕적으로 행동하려고 해도 의욕을 낼 수 없습니다. 이 사실을 알기 때문에 의사도 우울증 환자에게 "억지로 의욕적으로 행동하려고 하지 않아도 됩니다"라고 조언하는 것입니다.

의욕은 무한대로 나오는 것이 아닙니다. 따라서 어느 정도가 되면 의욕 스위치가 꺼지는지를 파악해둘 필요가 있습니다. 아무리 의욕적인 사람이라도 일 년에 몇 번 혹은 한 달에 몇 번은 '안 되겠다. 오늘은 아무리 해도 의욕이 없어'라는 생각이 드는 날이 있을 겁니다. 그럴 때는 너무 지쳐서 마음에 브레이크가 걸렸다고 깔끔하게 결론을 내리고 느긋하게 자신이 좋아하는 일을 하면서 보내는 게 어떨까요?

굿바이 무기력

더 이상 노력하면 마음에 구멍이 뚫릴 것 같을 때는 스스로 의욕에 브레이크를 거는 것이 좋습니다.

인정을 베풀면
반드시 돌아온다

·칭찬과 도움·

'인정을 베풀면 반드시 돌아온다'는 일본 속담이 있습니다. 이 말처럼 '나만 좋으면 된다'는 생각을 버리고 남을 기쁘게 하는 일에 마음을 써보기 바랍니다. 다른 사람들이 기뻐할 만한 일을 하면 사람들에게 "고마워요"라는 말을 듣게 되고, 남에게 "고마워요"라는 말을 들으면 마음속에서 긍정의 에너지가 생겨납니다.

로체스터대학의 넥타 웨인스타인 교수는 학생들에게 2주동안 잠자리에 들기 전에 다음과 같은 질문을 던지고 답을 기록하게 했습니다.

오늘 누군가를 도와주었습니까?

이에 대해 기록하면서 선한 행동 덕분에 어느 정도 '마음의 에너지가 충전되었다고 느꼈는가?', '살아 있는 기분을 느꼈는가?', '행복감이 올라갔는가?', '자존심이 높아졌는가?' 등의 질문을 자신에게 던져보게 했습니다. 그 결과, '타인을 도운 날'에 질문에 제시된 모든 지표가 올라간다는 사실을 발견했습니다.

인간은 다른 사람을 도우면서 의욕을 얻습니다. 선행을 하면 도움을 받은 사람이 기뻐하고, 그 기뻐하는 모습을 보는 것만으로도 선행을 베푼 사람은 의욕과 활력을 얻습니다. "고맙습니다"란 타인의 칭찬은 의욕을 끌어올리는 데 가장 좋은 약입니다.

지하철이나 버스에서 자리를 양보하거나 길을 몰라 헤매고 있는 사람을 도와줘보세요. 아마도 "고맙습니다", "덕분에 살았네요" 같은 인사를 받겠지요. 그런 인사를 들은 날은 남은 하루를 기분 좋게 보낼 수 있습니다.

곤경에 처해 있는 사람을 발견하면 기회라고 생각합시다.

어떤 기회냐고요? 활력을 되찾고 기분이 좋아질 기회입니다.

요즘 사람들은 곤경에 처한 사람을 봐도 '다른 사람이 도와 주겠지', '굳이 나설 필요가 뭐 있어'라고 생각하며 다가서기를 꺼리는 경향이 있습니다. 보고도 못 본 척 지나치는 것이지요. 이는 모처럼 생긴 의욕 충전 기회를 고스란히 차버리는 꼴입니다.

곤경에 처한 사람이 있으면 나를 위해 먼저 손을 내밉시다. 회사에서 무거운 짐을 들고 있는 사람을 보면 "제가 들어드릴게요"라고 말하며 도움의 손길을 건네봅시다. 친절을 베풀다 보면 마음에 에너지가 넘치게 될 겁니다. 좋은 평판과 감사의 말은 덤입니다.

굿바이 무기력

'인정을 베풀면 반드시 나에게 돌아온다'는 생각으로 마음을 단련하면 감사 받을 일이 생깁니다.

컨디션이란 파도타기

·바이오리듬·

사람의 컨디션에도 파도가 있습니다. 몸 상태가 매우 좋고 의욕이 절로 솟아날 때가 있는가 하면 몸이 무겁게 느껴지고 아무것도 하고 싶지 않은 때도 있습니다. 빈대학에서 실시한 연구에 따르면 우리의 인내력, 체력, 정력 등 육체적인 컨디션은 23일을 주기로 변한다고 합니다. 이는 바이오리듬(biorhythm)이라는 이름으로 잘 알려져 있습니다.

자신의 생년월일만 입력하면 바이오리듬 결과를 보여주는 인터넷 사이트가 있습니다. 그런 사이트를 이용해서 자신의 바이오리듬을 파악해둡니다. 한 달 중 의욕이 샘솟는 상승세 주기를 기억해두었다가 그 시기에 중요한 일을 하면 '가성

비' 좋은 한 달을 보낼 수 있습니다. 자신의 바이오리듬을 알아두면 '다음 주부터 나는 하강기에 들어가겠구나. 그러면 이번 주 중에 일을 많이 정리해 두자'라는 작전도 세울 수 있겠지요.

 일이란 종합적으로 평가받는 것이기 때문에 바이오리듬이 상승기일 때 일을 열심히 해두면 하강기일 때 조금 느슨하게 일하더라도 문제 될 것이 전혀 없습니다. 매일 똑같은 수준으로 일을 할 수 있으면 좋지만, 우리 인간은 그렇게 만들어지지 않았습니다.

 사람은 각자 고유한 바이오리듬의 파도가 있습니다. 마치 파도를 타듯 바이오리듬의 파도가 올라갔을 때를 잘 노려서 그때만이라도 최선을 다해 일해봅시다. 바이오리듬이 하강기에 들어가면 아무리 의욕을 내려고 해도 의욕이 쉽게 생기지 않습니다. 이는 마치 강의 흐름을 거슬러서 헤엄을 치려는 것 같아서 하강기에 평소처럼 일하려면 두 배, 세 배의 노력이 필요합니다.

 자기 컨디션의 파도를 잘 파악하고 파도가 밀려들 때와 빠져나갈 때 적절히 대응합시다. 파도를 잘 타기만 하면 재미있을 정도로 술술 일을 진행할 수 있습니다. 파도가 바뀌었을 때는 흐름을 거스르지 말고 나름대로 적당히 일을 소화하면 됩니다.

참고로 신체 리듬은 23일 주기로 돌아가지만 '지성 리듬'은 33일 주기로 달라집니다. 머리가 매우 잘 돌아가고 정신이 또렷한 시기가 있는가 하면 머리가 전혀 안 돌아갈 때도 있는데, 대개 33일을 주기로 그 흐름이 변하는 것이지요. 이런 사실을 파악해두면 다양한 대책을 세울 수 있으니 반드시 기억해두시기 바랍니다.

자신의 바이오리듬을 알아내 상승세와 하강세의 파도를 수첩이나 달력에 기록해두면 어느 때에 최선을 다해서 일하면 좋을지 알 수 있어서 무척 편리합니다.

굿바이 무기력

신체 리듬은 23일 주기, 지성 리듬은 33일 주기로 바뀝니다. 자신의 바이오리듬을 제대로 파악하고 상승세 주기를 파악합니다.

4장 ———————————————————————

맨입에
되는 일은 없다

무
기
력

소소해도 괜찮아!
손에 잡히는 보상 전략

손에 잡히는
선물을 하라

·보상의 기본·

　동물원에서 재주를 부리는 원숭이와 돌고래는 자발적으로 묘기를 부리는 게 아닙니다. 재주를 부리면 먹이를 준다는 사실을 알기 때문에 하는 행동일 뿐입니다. 우리는 다를까요? 보상을 받기 때문에 의욕이 생기는 것이지 보상이 전혀 없는데 한 달에 몇십 시간이나 되는 가혹한 야근을 감내하거나 손님을 위해 계속해서 접대용 미소를 지어보일 수는 없습니다.

　한때 심리학에서 주목받았던 동기부여에 관한 연구들 중에는 금전적인 보수(보상)가 높을수록 인간의 내적 동기부여, 다시 말해 모티베이션(motivation)이 처음보다 떨어진다는 연구가 눈길을 끌었던 적이 있습니다. 꽤 인기를 모았던 연구 였지요. 하지만 이는 꽤 오래된 자료로, 최근에는 금전적인 보수가 의욕을 높인다는 사실이 재확인되었습니다. 돈은 의욕을 불러일으키는 데 가장 효과적인 수단입니다.

코네티컷대학의 섀런 베이커 교수는 통증을 느낄 정도로 차가운 물을 준비해서 피실험자들에게 그 안에 손을 집어넣게 하고, 얼마 동안 참을 수 있는지 실험했습니다. 한 그룹에게는 아무런 보수도 없이 이 일을 시켰습니다. 이 그룹은 평균 110.10초 동안 버텼습니다.

다음 그룹에게는 "4분 동안 참으면 2달러, 그 후에는 1분마다 1달러 보너스를 주겠다"고 말한 다음 실험을 했습니다. 그러자 이 그룹의 피실험자들은 평균 307.30초나 참았습니다. 3배나 되는 시간 동안 차가움을 견디려고 애쓴 것이지요.

당연한 결과 같지만 지금도 많은 사람이 돈과 의욕을 연결 짓는 것을 의식적으로 거부합니다. 그런데 이는 선입견입니다. 사람은 돈을 받으면 열심히 일합니다. 반대로 돈을 받을 수 없다면 좀처럼 의욕을 내지 못합니다.

내 경우, 내가 쓴 책이 인기를 얻어 재인쇄하게 되면 아내에게 보너스로 5,000엔을 받기로 약속해두었습니다. '겨우 5,000엔이야?'라고 생각할지 모르지만 나에게는 상당히 큰 동기부여가 됩니다.

누구나 어렸을 때 부모님 심부름을 하고 나서 거스름돈을 받아본 경험이 있을 겁니다. 나도 마찬가지여서 이런 기회가 오면 은근히 심부름을 시켜주길 기다리기도 했습니다. 어른이 되었다고 해서 크게 달라지는 것은 아닙니다. 어른이 된 지금도 나는 약간의 보상이 있으면 기쁜 마음으로 기꺼이 일합니다. 지루한 일상의 소소한 기쁨이 되는 것이지요.

의욕을 북돋고 싶다면 자신만의 보상책이 있어야 합니다. 좀처럼 의욕이 생기지 않는 일을 해야 할 때, '이 일을 하면 ○○○원'이라고 스스로 보상을 설정해두는 겁니다. 금액은 어이가 없어서 코웃음이 나올 정도로 적어도 괜찮습니다. 소액이라고 해도 보상이 있으면 의욕이 생깁니다. 금액의 많고 적음은 상관없습니다.

못 믿으시겠다고요? 상사나 선배가 귀찮은 일을 맡기려고 할 때 점심이나 맛있는 디저트를 사주겠다는 약속하면, 머릿

속에 처음 떠오르는 생각이 무엇인가요? '빛 좋은 개살구'라
도 없는 것보다 있는 것이 좋습니다.

굿바이 무기력

스스로 'ㅇㅇ을 하면 ㅇㅇㅇ원'이라는 보상을 주겠다고 미리 약속
해보세요. 하기 싫었던 일도 쉽게 시작할 수 있을 겁니다.

자주, 연속적으로
보상하라

·강화의 법칙·

전사적으로 성과주의를 도입했는데 효과를 보기는커녕 실적이 떨어지는 기업이 있었습니다. 이 기업은 왜 실패했을까요? 이유는 바로 사원들이 보상을 받는 빈도가 낮았기 때문입니다. 성과주의를 도입하더라도 보상의 빈도가 1년에 고작 한두 번 정도라면 동기부여가 되지 않습니다. 중요한 것은 양이 아니라 빈도입니다.

강화의 법칙이라는 심리학의 고전적인 법칙에 따르면 보상은 바람직한 행동을 했을 때 곧바로, 그리고 연속적으로 주어지지 않으면 그 효과가 반감합니다. 기왕 보상을 하기로 결정했다면 최소한 일주일에 한 번, 혹은 한 달에 한 번 정도의 빈도로 보상을 주도록 합니다. 모처럼 열심히 일했는데 이에 대한 보상을 받는 것이 반년 후라면 의욕이 생길 리 없습니다.

개인도 마찬가지입니다. 스스로에게 주는 보상은 일주일에 한 번 정도가 적당합니다. 주중에 죽기 살기로 열심히 일하고, 금요일이나 토요일, 일요일 중 하루를 지정해서 자신에게 보상을 주는 방법이 가장 바람직합니다. 보상을 받는 기간이 이보다 길어지면 그 효과가 줄어들어 하나 마나 한 일이 되기 쉽습니다.

미시간대학의 에드 페다리노 교수는 유통 회사에서 사원들의 결근율을 낮추는 독특한 실험을 했습니다. 결근율은 기업에서 직원들의 의욕을 알아보는 척도 중 하나입니다. 의욕이 있으면 결근율이 낮아지고, 의욕이 없으면 결근율이 높아지는 경향이 있습니다.

페다리노는 정시에 출근한 사원에게 매일 카드 한 장을 뽑게 했습니다. 월요일부터 금요일까지 5일 동안 하루도 쉬지 않고 출근하면 총 다섯 장의 카드를 손에 넣게 되는 것이지요. 그리고 5일 뒤에 자신이 뽑은 다섯 장의 카드로 포커를 쳐서 가장 좋은 카드를 모은 사원에게 20달러의 보너스를 주었습니다.

포커라는 보상 게임을 도입하기 전에 이 회사의 결근율은 3.01퍼센트였는데, 포커를 시작하고 나서 결근율이 2.46퍼센트까지 내려갔습니다. 결근율이 18.27퍼센트나 감소한 것이지요. 사원들을 인터뷰해보았더니 "결근하지 않으면 매주 재미있는 게임에 참가할 수 있다"는 기대감을 안고 회사에 출근하게 됐다고 했습니다.

매일 카드를 한 장씩 뽑는 것은 사소한 보상입니다. 일주일 동안 매일 출근해서 다섯 장의 카드를 모았다고 꼭 금전적인 보상으로 이어지는 것도 아닙니다. 그중 한 명에게 20달러의 보너스를 주는 것도 회사 측에는 큰 부담이 아닐 겁니다. 그러나 그 작은 재미와 보상이 이 회사의 결근율을 크게 낮췄습니다. 단기적으로 주어지는 구체적인 보상의 힘은 생각보다 막강합니다.

자기 나름대로 스스로에게 해줄 보상을 설정해놓음으로써 의욕을 낼 수 있는 구조를 만들어봅시다. 정말 열심히 일한 날에는 프리미엄 맥주, 나름대로 열심히 일한 날에는 보통 맥주, 설렁설렁 일한 날에는 발포주……. 이런 식으로 자기만의 몇 가지 보상 체계를 설정하고 하루를 마무리하며 가볍게 한 잔씩 반주를 즐기다 보면 없던 의욕도 생겨날 겁니다. 적어도 반년 뒤에 나오는 보너스를 기대할 때보다는 동기를 부여하는 데 더 효과적입니다.

굿바이 무기력

보상은 어떤 바람직한 행동을 하면 곧바로, 그리고 연속적으로 주져야 합니다. 그렇지 않으면 아무런 의미가 없습니다.

이왕 한다면,
인색하게 굴지 마라

·교환 이론·

경기가 어려워지면 대부분의 기업이 경비를 아끼려고 사원들에게 인색하게 굽니다. 교통비를 아끼라며 외근을 나가는 직원에게 택시 대신 지하철을 타라고 지시합니다. 메모용지로 이면지를 사용하라거나, 하룻밤 자고 와야 할 출장을 당일치기로 다녀오라고 하는 등 사소한 것까지 경비 절감에 나섭니다. 탕비실의 간식거리가 줄어들고, 단체 회식의 횟수도 줄어들지요.

회사에서 이런 지시를 받을 때 사원들의 기분은 어떨까요? 이성적으로 회사의 입장을 이해하더라도 마음이 상하고 의욕이 떨어집니다. 어쩌면 회사의 미래에 불안감을 가질 수도 있습니다. '궁상맞게 뭐하자는 거야?'라는 생각에 기운이 빠지는 것이지요.

경비는 비유하자면 전쟁터에 나선 군인의 실탄이라고 할 수 있습니다. 비즈니스라는 치열한 전쟁터에 나선 병사들에게 실탄 없이 싸우라고 하면 어떻게 될까요? 경비는 절감되겠지만 그만큼 사원들의 기세가 꺾이게 됩니다. 회사 입장에서도 결코 도움이 되지 않습니다. 게다가 이렇게 해서 경비를 아껴 봤자 그 액수가 얼마 되지도 않습니다.

'티끌 모아 태산'이라는 속담이 있지만, 티끌은 모아봐야 티끌일 뿐입니다. 이보다는 차라리 사원들의 의욕을 북돋아 새로운 프로젝트를 수주하는 편이 훨씬 이익입니다. 어려운 환경에서도 직원들에 대한 복지를 줄이지 않는 회사라면 직원들의 애사심은 더 높아질 것입니다. 경비 삭감이라는 명목으로 사무실의 형광등 개수를 줄여서 실내를 어둡게 했더니 사원들의 낯빛까지 어두워졌다는 이야기는 그저 웃고 넘길 농담이 아닙니다.

심리학 이론 중에 교환 이론이라는 것이 있습니다. 교환 이론에 따르면 회사가 충분한 보수를 주는 경우에는 사원들도 그 보수에 대한 보상을 하기 위해 열심히 일한다고 합니다. 보수에 걸맞은 노력을 하는 것이지요. 반대로 회사가 인색하게 대응하면 어떨까요? 사원들도 이에 맞춰 노력을 줄입니다. 사원들이 보다 의욕적으로 일하기를 바란다면 회사에서 먼저 의욕이 생길 만한 보상을 해줘야 합니다. 커피 한 잔, 볼펜 한 자루 마음껏 쓰지 못하게 쥐어짜면서 애사심 넘치고 능동적으로 일하는 직원이 되기를 바란다면, 이는 솔직히 말도 안 되는 욕심입니다.

실탄을 충분히 지급하고 "자, 이것을 가지고 싸우고 와라!"라는 말을 들으면 병사들도 분발하겠지만, 실탄도 없이 싸우라는 말을 듣는다면 결과는 뻔합니다. 전쟁에서 지는 것은 당연하고, 탈영병이 속출해 싸워보기도 전에 지는 전쟁을 하게 됩니다.

보상이라고 해서 대단한 것이 필요한 것은 아닙니다. 사무실 한 곳에 드링크 바를 준비해서 원하는 음료를 마시면서 일하게 해주는 것도 방법입니다. 맛없는 차와 커피밖에 없거나 혹은 물조차 준비해주지 않는 회사에 비하면 사원들의 의욕도 훨씬 충만해질 겁니다. 드링크 바를 갖추는데 매달 경비가 얼마나 들어가는지는 정확히 모르겠지만, 사원들이 힘을 내서 회사에 막대한 이익을 가져다준다고 생각하면 결코 아깝지 않은 투자입니다.

인간은 충분한 보상을 받아야 의욕적으로 일합니다. 아무런 보상도 없으면 의욕적으로 일하기 어렵습니다. 의욕적으로 일하지 않음으로써 보상받지 못하는 것에 대한 수지 타산을 맞추려고 하는 것이 사람입니다.

굿바이 무기력

가는 것이 있어야 오는 것이 있습니다. 회사가 궁상맞게 굴면 사원들은 기운이 빠지고 의욕을 잃게 됩니다. 성과를 내게 하고 싶다면 먼저 확실한 보상 체계를 만들어야 합니다.

헛된 의욕은
없다

·보상의 선순환 사이클·

　일의 성패는 운과도 연관이 있기 때문에 열심히 몰입한다고 해서 반드시 잘된다는 보장은 없습니다. 주변을 둘러보면 의욕을 갖고 달려들어도 정당한 보상을 받지 못하는 경우를 심심치 않게 목격합니다. 따지고 보면 우리는 한 번의 달콤한 성공을 맛보기 위해 수많은 실패를 감내하는 삶을 살고 있는지도 모릅니다.

　그러나 성공에 대한 확신이 없다고 해서 미리 포기한다면 결코 성공할 수 없습니다. 반대로 의욕을 보이면 보일수록 성공할 확률은 높아집니다. 의욕을 보이는 것은 결코 쓸데없는 일이 아닙니다.

'모처럼 노력했는데 보상을 받지 못하는 경우도 있지 않나요?'라는 부정적 생각이 든다면 당연히 기운이 빠질 테지만, 긴 안목으로 본다면 그런 일은 없으니 안심하기 바랍니다. 의욕을 보이며 열심히 일하다 보면 주위 사람들에게 당신이 열심히 하고 있는 모습이 보이게 마련입니다. 그리고 열심히 하고 있는 사람을 보면 어떻게든 보상을 해주고 싶어지는 것이 사람의 마음입니다.

미련해 보일 정도로 자신의 일에 성실하고 매사 의욕을 불태우는 직원이 있다고 해봅시다. 그런데 운이 나쁜 탓인지 그 직원은 좀처럼 성과를 내지 못합니다. 어지간히 독한 상사가 아니라면 열심히 하는 부하 직원을 나쁘게 평가하지 않을 겁니다. 오히려 최대한 호의적인 평가하려고 애쓸 겁니다.

일의 성패는 운이 따라줘야 하지만, 성실은 온전히 나의 의욕에 달려 있습니다. 성실한 사람은 결코 나쁜 평가를 받지 않습니다.

서던캘리포니아 대학의 안드레아 모랄레스 교수는 청소를 열심히 하고 손님 응대도 싹싹하게 하는 점원이 근무하는 가게와 그다지 의욕적이지 않은 점원이 일하는 가게를 비교하는 연구를 진행했습니다. 그 결과, 점원이 의욕을 보이는 가게에서는 '손님도 그 정성에 보답하려는 마음이 생긴다'는 사실을 밝혀냈습니다. 구체적으로 살펴보면 점원이 의욕을 보이는 가게에서는 손님이 평균 10.51달러의 팁을 준 데 비해 점원이 열심히 일하지 않는 가게에서는 팁을 8.22달러밖에 주지 않았습니다.

의욕을 보이면 주위 사람들도 그 모습을 알아챕니다. 그리고 그 노력에 합당한 반응을 보입니다. 응답을 받으면 기쁜 마음이 들어서 더욱 의욕이 샘솟습니다. 선순환 사이클이 만들어지는 것이지요. 반대로 '어차피 뭘 해도 소용없다'는 식으로 의욕 없는 모습을 보이면 주위 사람들도 부정적인 태도로 대하게 됩니다. 그 결과, 의욕은 더 낮아집니다. 악순환의 사이클이 만들어지는 것입니다.

최선을 다해 열심히 사는 모습은 보는 사람의 마음을 울립니다. 그런 이에게 못된 짓을 하거나 해코지하려는 사람은 없습니다. 뭔가 도와줄 일이 없나 찾거나 어떻게든 힘을 보태주려고 애씁니다.

의욕을 보이는 것은 결코 쓸데없는 일이 아닙니다. 반드시 좋은 결과를 가져다준다는 사실을 믿고, 의욕을 보이도록 노력하기 바랍니다. 애쓰는 모습을 보이면 다른 사람들도 반드시 인정해줄 겁니다. 일부러 그런 모습을 부각시키려고 애쓸 필요는 없습니다. 일단 무슨 일이든 열심히, 성실히 해보기 바랍니다.

굿바이 무기력

'노력해도 보상받지 못할 수도 있다'고 생각하면 의욕이 꺾이기 마련입니다. 최선을 다해 애쓰는 모습을 보이면 주위 사람들이 반드시 이를 좋게 평가합니다.

일 차제가
보상이 될 수 있을까

·부차적인 즐거움·

뉴저지주립대학의 앨리슨 필립스 교수는 헬스클럽에 다니거나 매일 조깅을 하는 등 좋다는 사실은 누구나 알지만 습관을 들이기 어려운 행동에 관한 연구를 진행했습니다.

운동은 건강을 지키는 가장 좋은 습관이란 것을 모르는 사람은 없을 겁니다. 하지만 대부분의 사람이 운동하겠다고 결심해도 작심삼일로 끝나고 맙니다. 어떻게 해야 처음 결심을 유지할 수 있을까요? 앨리슨 필립스의 주장에 따르면 '즐거움'을 발견하지 못하면 습관을 형성할 수 없습니다.

예를 들어봅시다. 평소 운동을 하지 않던 사람이 헬스클럽을 지속적으로 다니기란 쉽지 않은 일입니다. 하지만 그 헬스클럽에 마음에 드는 이성이 있다면 어떨까요? '건강에 좋다'는 이유만으로 헬스클럽에 다니기 힘들다면 '멋진 사람과 만날 수 있다'는 기대감이라도 품는 편이 좋습니다. 직접적인 동기부여가 어려울 때는 부가적인 즐거움을 찾는 것이 도움이 됩니다.

일도 마찬가지입니다. '일을 해야 한다'고 생각하면 의욕이 생기지 않습니다. 이럴 때는 '재밌는 게임을 하고 있다'고 생각해봅시다.

영업사원들 중에는 접대를 하면서 고객과의 술자리가 지루하고 재미없다고 말하는 사람이 있습니다. 이럴 때는 술자리가 상대방을 기분 좋게 만들 때마다 점수가 올라가는 게임이라고 생각해보면 어떨까요? 여러 가지 전략을 동원해 상대를 설득해서 원하는 것을 얻어내는 게임이 접대라고 생각한다면 마음가짐이 달라집니다.

《비즈니스 게임》을 쓴 베티 헤리건은 일을 게임처럼 즐기자고 주장했습니다. 스마트폰이나 휴대용 게임기로 게임을 해봤자 돈 한 푼 벌 수 없지만, 일이라는 게임을 잘 해내면 반드시 금전적인 보상을 받을 수 있습니다. 그런 의미에서는 일은 더욱 재미있는 게임이라고 할 수 있습니다.

인간은 재미 없는 일에는 지속적으로 의욕을 내기 힘듭니다. 그럴 때는 의욕을 유지하기 위해서라도 자기 나름대로의 즐거움을 찾아야 합니다.

굿바이 무기력

일이라고 생각하면 의욕이 생기지 않습니다. 일을 게임이라고 생각하면 무슨 일이든 즐겁게 할 수 있습니다.

달콤한 냄새를 맡자

·향기 요법·

'더 이상 못 하겠다'는 생각이 들 때 조금 더 힘을 내기 위한 심리 테크닉이 있습니다. 방법은 간단합니다. 책상 서랍에 달콤한 냄새가 나는 과자 따위를 넣어두고, 그 냄새를 맡는 것입니다.

먹지 말고 냄새만 맡으라니 제대로 말한 것인지 의아하다고요? 네, 맞습니다. 냄새만으로도 충분히 의욕을 끌어올릴 수 있습니다. 물론 과자나 사탕을 먹어서 당분을 섭취하는 것도 좋은 방법이지만 계속 그렇게 하면 몸에 무리가 갑니다. 설탕의 폐해는 익히 알려져 있으니 굳이 설명하지 않아도 아실 거라고 생각합니다.

달콤한 냄새는 인내심을 강화해주는 효과가 있다고 알려져 있습니다. 호주 제임스쿡대학의 존 프레스콧 교수는 2007년 〈사이콜로지컬 사이언스〉에 다양한 냄새를 맡으면서 차가운 물속에 손을 넣고 얼마 동안 버틸 수 있는지 실험한 결과를 발표했습니다. 캐러멜의 달콤한 냄새를 맡은 참가자들은 평균 120초 동안 견뎠습니다. 좋은 냄새이기는 하지만 달콤하지는 않은 냄새, 예를 들어 애프터 셰이브 로션의 향기를 맡게 했을 때는 50초밖에 참지 못했습니다. 이 실험을 통해 프레스콧은 달콤한 냄새가 인내심을 높이는 데 유용하다는 결론을 내렸습니다.

과학적으로 검증하진 않았지만 독일의 문호 프리드리히 실러 역시 달콤한 냄새의 효과를 알고 있었던 것 같습니다. 그는 책상 안에 달콤한 향기가 나는 사과를 넣어두고 그 냄새를 맡으면서 창작 활동에 몰두했다고 합니다.

실러처럼 초콜릿이든 말린 과일이든 뭐든 좋으니 달콤한 향기가 나는 것을 가방 속에 살짝 넣어 두고 의욕이 떨어질 때마다 그 냄새를 즐겨보면 어떨까요? 냄새를 '비장의 수단'으로 사용하면 조금 더 참고 분발하고 싶을 때 매우 유용할 겁니다. 달콤한 향기뿐 아니라 과일향이나 꽃향기 등 자신이 좋아하는 향을 맡으면 긍정적인 효과를 볼 수 있습니다.

웨스턴오리건대학의 크리스티나 버넷 교수는 실험을 통해서 로즈메리나 라벤더 등의 꽃향기로 긴장이나 불안감을 해소시킬 수 있다는 사실을 알아냈습니다. 피곤하거나 스트레스가 쌓였을 때 라벤더나 아로마 오일 등의 향을 즐기면 피로가 풀리고 의욕이 되살아납니다.

의욕을 불러오는 소품이나 비밀병기를 미리 준비해두면 설령 그것을 사용하지 않더라도 왠지 안심이 됩니다. 유사시에 사용할 수 있기 때문이지요.

이처럼 어딘가 믿는 구석이 있으면 우리는 피로를 덜 느끼게 됩니다. 요즘에는 아로마 관련 제품도 많이 나와 있고 손쉽게 구입할 수 있으니 마음에 드는 것을 구입해 하나 정도 가지고 다니는 것은 어떨까요?

굿바이 무기력

초콜릿이나 말린 과일 등 달콤한 냄새가 나는 것을 가방에 넣어둡시다. 달콤한 냄새는 참을성을 키우고 의욕을 높이는 효과가 있습니다.

공포는 나의 힘

·공포 보상·

의욕은 주로 즐거운 일을 하고 있을 때 생기지만, 때로는 공포가 동기부여의 촉발제가 되기도 합니다.

한 남성의 이야기를 소개합니다. 이 남성은 언뜻 봐도 건강이 걱정될 정도로 고도비만입니다. 처음부터 그가 비만이었던 것은 아닙니다. 직장 생활을 시작하면서 받은 스트레스와 그로 인한 폭식 때문에 몸무게가 늘어나기 시작하더니 이제는 남들이 보기에도 걱정될 만큼 살이 붙어버렸습니다. 입버릇처럼 살을 빼야겠다고 말하지만, 사실 '이렇게까지 됐는데, 어쩔 수 없어'라고 상황 탓을 하는 마음이 큽니다.

그러던 어느 날, 건강검진에서 고도비만 진단을 받았습니다. 당장 다이어트를 하지 않으면 건강에 심각한 문제가 일어날 수도 있다는 경고를 받았습니다. 공포는 꼬리를 물고 일어납니다. 이대로라면 여자친구도 사귀지 못하고, 결혼도 못하며, 직장에서도 좋지 않은 평판을 얻을 거라는 등 이 남성의 공포심은 점점 커집니다. 실존적 위기에 처한 것이죠. 앞으로 이 남성은 가벼운 기분으로 헬스클럽에 가는 이들보다 더 열심히 헬스클럽을 갈 확률이 높습니다. 왜냐하면 '어떻게든 살을 빼야 한다!'는 강렬한 공포가 의욕을 불러일으키기 때문입니다.

나는 고등학교 시절에 필사적으로 공부를 했습니다. 결코 공부가 좋았기 때문이 아닙니다. 외모 콤플렉스라는 공포심 때문에 공부를 열심히 했던 것이지요. '나처럼 못생긴 놈이 공부까지 못하면 아무도 상대도 해주지 않을 것이다', '나 같은 놈은 일류 대학을 졸업하지 않으면 취직도 못 할 것이다'라는 공포심 때문에 남들보다 몇 배로 노력할 수 있었습니다. 물론 말도 안 되는 자격지심이지만 어렸던 나는 나름 필사적이었습니다.

보통 공포를 부정적인 감정이라고 생각하지만, 반드시 그런 면만 있는 것은 아닙니다. 동기부여의 원동력으로 삼을 수만

있다면 공포도 나쁘지만은 않습니다.

네덜란드 호로닝언대학의 사이먼 달리 교수도 이와 비슷한 의견을 밝힌 바 있습니다. 그가 연구한 바에 따르면 다이어트에 성공하기 위해서는 강력한 공포가 필요하다고 합니다. '뚱보는 아무도 상대해주지 않는다'는 공포심만큼 효과 좋은 다이어트 동기부여는 없다는 것이지요. '살을 빼도 그만, 안 빼도 그만'이라는 어중간한 마음을 가지고 있다면 다이어트가 제대로 되지 않습니다. '반드시 살을 빼겠다! 안 그러면 내 앞날이 깜깜하다'라는 공포를 느껴야 진지하게 다이어트에 임할 수 있습니다.

이를 직장 생활에 대입해볼까요? 대부분의 경우 일반 사원보다는 경영자나 중역이 더 열심히 일합니다. 왜 경영자나 중역이 열심히 일하는 걸까요? '경영 실적이 좋지 않으면 정말로 큰일이 날 수도 있다'는 공포를 상대적으로 강하게 느끼기 때문입니다.

사원들은 자기에게 주어진 일만 하면 일정 금액의 월급을 받을 수 있을 거라는 막연한 안정감을 가지고 있는 경우가 많습니다. 하지만 경영자와 중역은 그렇지 않습니다. 눈감으면

코 베어 가는 요즘 같은 세상에 조금이라도 방향을 잘못 잡으면 당장이라도 회사가 망할 수 있다는 사실을 잘 알고 있습니다. 그런 공포를 뼈저리게 느끼기 때문에 경영자나 중역은 필사적으로 일하는 것입니다.

이렇듯 겁이 많다는 것은 좋은 일입니다. 걱정이 많은 것 또한 좋은 일입니다. 겁이 많은 사람은 항상 최악의 상황을 염두에 두고 미래에 대비하는 자세를 갖습니다. 또한 공포와 걱정 덕에 남들이 하지 않는 노력을 기울이기도 합니다. 보다 열심히 일해서 공포를 없애려고 하는 것이지요.

위기 의식이 없는 사람은 의욕도 없습니다. '이대로는 안 된다'는 위기 의식이 있어야 어떻게든 상황을 타파하기 위해서 의욕을 낼 수 있습니다.

굿바이 무기력

사람은 위기 의식을 느낄 때 어떻게든 그 상황을 타파하기 위해 의욕을 냅니다. 이 일을 하지 않으면 어떤 불상사가 생길지 모른다고 스스로 다그쳐봅시다.

아리스토텔레스는
어떻게 창의력을 끌어냈을까

·소요 요법·

무엇을 해도 좀처럼 의욕이 생기지 않을 때는 몸과 마음이 휴식을 원한다는 신호를 보내고 있는 것입니다. 이럴 때는 무리하게 의욕을 북돋으려고 하지 말고 잠깐이라도 밖에 나가서 주변을 산책해봅시다. 기분 전환을 하면 머리가 개운해지고 의욕도 되살아납니다.

고대 그리스의 철학자 아리스토텔레스와 그의 제자들을 흔히 소요학파라고 부릅니다. 여기서 소요(逍遙)란 산책을 뜻하는 말입니다. 천천히 걸으면서 생각이 잘 떠오르고 때로는 어떤 깨달음을 얻기도 합니다.

위대한 음악가로 오늘날까지 칭송받고 있는 베토벤도 산책을 하면서 악상을 떠올렸다고 합니다. 사색하기 위해서 산책을 즐겼던 단테와 칸트 역시 일과로 삼을 정도로 산책을 즐겼습니다.

인간은 '동물'에 속합니다. 동물(動物)이란 '움직이는 존재'라는 의미입니다. 인간은 본래 여기저기 돌아다니며 사는 존재이기 때문에 가만히 있으면 점점 활력이 떨어집니다. 책상 앞에 계속 앉아 있으면 의욕이 떨어지는 것이 당연한 결과입니다. 동물원에 있는 동물들을 보면 이를 잘 알 수 있습니다. 동물들은 본래 이리저리 돌아다니기를 좋아합니다. 그런데 좁은 우리 안에 갇혀 있다 보면 움직임이 제한되게 마련입니다. 동물원에 가면 활력을 잃고 무기력하게 지내는 동물의 모습을 보게 되는 것은 이 때문입니다.

의욕이 떨어졌을 때는 몸을 움직여봅시다. 그렇다고 해서 격렬하게 운동을 할 필요는 없습니다. 산책 정도만 해도 충분합니다. 웁살라대학의 테리 하티그 교수는 세 시간 동안 강의를 듣고 지친 학생들에게 숲을 산책하고 오도록 지시했습니다. 그러곤 산책을 하고 돌아온 학생들의 주의력 회복 정도를 측정해봤더니 주의력이 눈에 띄게 회복됐다고 했습니다.

책상 앞에만 계속 앉아 있으면 누구든 의욕이 떨어집니다. 그럴 때는 몸을 움직여야 합니다. 밖에 나가서 한동안 산책을 하는 것이 가장 좋지만 근무 시간에 밖에 나가서 어슬렁거리며 돌아다니기는 것은 현실적으로 어렵습니다. 그렇다면 계단을 오르내리거나 복도에서 간단한 스트레칭을 하는 식으로 자신이 할 수 있는 범위 내에서 몸을 움직여보기 바랍니다. 일하는데 싫증이 난다고 느껴질 때는 어떻게든 버티며 일을 계속할 것이 아니라 의자에서 잠깐 일어나 다른 일을 해봅시다. 주의력이 흐트러졌을 때 억지로 참고 일하려 한들 어차피 잘 되지 않을 테니 말입니다.

굿바이 무기력

천천히 걸으면서 생각하면 복잡한 생각이 정리되고 새로운 아이디어를 얻을 수 있습니다.

잡담의 순기능

·수다·

아무리 애써도 일에 진척이 없고 잘되지 않을 때는 잠시 하던 일을 멈추고 주위 사람들과 잡담을 나눠보면 어떨까요? 수다는 매우 좋은 보상 방법입니다. 껌을 씹거나 담배를 피우는 것도 기분 전환이 되지만 수다만큼 효과적이지는 않습니다.

캘리포니아주립대학의 로버트 타일러 박사가 16~89세 사람들을 대상으로 "좋지 않은 기분을 날려버리고 에너지를 되찾는데 가장 효과적인 방법은 무엇입니까?"라고 물었는데, 수다가 당당하게 3위를 차지했습니다. 참고로 가장 기분이 후련해지는 방법 1위는 운동이고, 2위는 음악 감상이었습니다.

스트레스 해소 방법으로 수다가 잠자기, 텔레비전 시청, 쇼핑, 여행보다 훨씬 상위에 오른 것입니다.

의욕이 생기지 않을 때는 하던 일을 멈추고 수다를 떨어봅시다. 물론 사무실에서 지나치게 큰 목소리로 떠들면 동료들에게 피해가 갈 수도 있으니 작은 목소리로 대화해야 합니다. 혹은 사무실 이외의 장소에서 수다를 떠는 것도 좋습니다. 장소가 어디가 되었든 수다를 떨고 있으면 '그럼 다시 일을 해볼까?' 하는 기분이 되살아납니다.

간혹 '잡담 금지'를 외치는 회사도 있지만 심리학적으로 말하면 이런 금지는 그다지 좋은 방법이 아닙니다. 인간은 로봇이 아니기 때문에 몇 시간씩 묵묵히 작업에 열중할 수 없습니다. 설령 잡담을 금지하더라도 시간이 지날수록 집중력과 작업능률은 떨어지게 되어 있습니다.

그럴 바에야 조금 지쳤을 때 다른 사람과 가벼운 잡담을 하거나 세상 돌아가는 이야기를 하는 편이 일의 능률을 높일 수 있는 방법입니다. 사내 규율을 '잡담 금지!'가 아니라 '지쳤을 때는 수다도 가능'이라고 바꿔보면 어떨까요?

상사도 가끔씩 부하 직원에게 말을 걸어주는 것이 좋습니다. 이렇다 할 용건이 없더라도 부하 직원에게 말을 걸어주는 것이 필요합니다. 상사가 아무 말도 하지 않으면 부하 직원은 자신이 무시당하고 있다고 느끼고 왠지 쓸쓸한 기분이 들어서 의욕도 떨어지게 됩니다.

부하 직원을 분발하게 만들 줄 아는 상사는 기본적으로 말을 자주 겁니다. 반대로 부하 직원을 잘 다루지 못하는 상사는 필요한 말밖에 하지 않습니다. 매우 사무적인 태도이지요. 그런 태도를 취하면 부하 직원은 상사가 자신을 차갑게 대한다고 느끼기 쉽습니다.

가벼운 수다를 나눌 수 있는 회사는 전체적인 분위기도 밝습니다. 누군가의 농담으로 모두가 함께 웃을 수 있는 분위기라면 누구나 밝게 일할 수 있습니다. 당연히 의욕도 높습니다. 그런 점에서 보면 사무실이 조용하다 못해 고요해서 '탁탁' 하고 키보드를 두드리는 소리밖에 들리지 않는 회사는 숨이 막히고 사람을 지치게 할 뿐입니다.

좀처럼 의욕이 생기지 않는다고 느껴진다면 한동안 작업에서 손을 떼고 옆사람과 대화하는 시간을 가지는 것이 좋습니다. 상대방이 불편하지 않은 주제를 골라 대화해봅시다. 수다

를 떨고 나면 서로 기분 전환이 되어서 일의 효율 또한 높아
질 겁니다.

굿바이 무기력

나쁜 감정을 날려버리고 에너지를 되찾는 데 수다만큼 가성비가
좋은 것도 없습니다. 지쳤다면 잠시 잡담 시간을 가져봅시다.

늦지 않았다. 시작하자

요즘에는 활력과 생기가 없어 보일 뿐 아니라 마치 죽은 생선 같은 눈을 하고 있는 사람을 심심치 않게 볼 수 있습니다. 이런 느낌은 비단 나뿐만이 가진 것은 아닐 겁니다. 아침 출근 시간대에 지하철을 타면 많은 사람들이 지칠 대로 지친 표정을 하고 있습니다.

'정말 일하러 나가는 사람들이 맞나? 저러고 나가서 일을 할 수 있을까?' 하고 일면식도 없는 사람들을 보며 걱정이 될 정도입니다. '오늘도 열심히 일하자!'라는 의욕이 느껴질 만큼 즐거운 표정을 하고 눈을 빛내는 사람은 100명 중 1명이 될까 말까 합니다.

물론 의욕이 없는 사람도 이런 생기 없는 상태에 스스로 만족하고 이대로 살아도 괜찮다고 생각하지는 않을 겁니다. '이대로는 안 된다'고 생각하겠지요. 다만 구체적으로 어떻게 하면 의욕이 생기는지 그 방법을 모르기 때문에 의욕을 내지 못하고 있는 것뿐입니다. 이런 현실을 보면서 의욕을 내는 요령을 알려주고 싶었습니다. 심리학적 지식을 활용하면 마음속에 가라앉아 있는 의욕을 얼마든지 끄집어낼 수 있습니다.

나는 이 책에서 의욕을 끌어내기 위한 실천적인 조언을 소개했습니다. 그 내용 하나하나 즉시 실천해볼 수 있도록 구체적으로 설명하려고 노력했습니다. 이 이야기를 읽고 어떻게 하면 마음에 의욕이라는 기름을 부을 수 있는지 이해할 수 있었다면 저자로서 더할 나위 없이 기쁠 것 같습니다.

나는 세미나와 강연회에서 이야기할 기회가 많은데 그때마다 "어떻게 하면 의욕을 낼 수 있나요?"라는 질문을 많이 받습니다. 의욕적으로 살지 못해서 스스로도 한심하게 느껴지는 자신을 어떻게든 변화시키고 싶다고 생각하는 사람은 아마 상당히 많을 겁니다. 이런 이들을 만날 때마다 상황에 맞게 이 책에서 소개한 방법들을 조언하면서 이 모든 내용을 한 권의 책으로 모아놓으면 편리하지 않을까 하는 생각이 들었습니다. 그 결과물이 바로 이 책입니다.

스스로 의욕이 없는 사람인 것 같다는 생각이 들어 고민하는 독자 여러분께 이 책이 조금이나마 도움이 되기를 바라는 마음입니다.

끝까지 의욕을 가지고 읽어주셔서 진심으로 고맙습니다. 또 어딘가에서 만나게 될 날을 고대합니다.

"사소한 행동이
인생을 바꾼다"

옮긴이
김지윤

가톨릭대학교 철학과 및 일본어과 졸업. 세이신여자대학교에서 교환유학 후 와세다대학교 대학원 일본어교육학과에서 공부했다. 글밥아카데미를 수료하고 현재 바른번역 소속 번역가로 활동 중이다. 옮긴 책으로 《운을 부르는 부자의 말투》《카를 융, 인간의 이해》《민감한 나로 사는 법》《물 흐르듯 대화하는 기술》《그렇다면, 칸트를 추천합니다》 등이 있다.

무기력에서 무를 빼는
가장 쉬운 방법

초판 1쇄 발행 2019년 3월 15일
초판 2쇄 발행 2019년 3월 28일

지은이 나이토 요시히토
옮긴이 김지윤
펴낸이 유정연

주간 백지선 **기획편집** 장보금 신성식 조현주 김수진 김경애 **디자인** 안수진 김소진
마케팅 임충진 임우열 이다영 김보미 **제작** 임정호 **경영지원** 전선영 **교정교열** 허지혜

펴낸곳 흐름출판 **출판등록** 제313-2003-199호(2003년 5월 28일)
주소 서울시 마포구 홍익로5길 59 남성빌딩 2층
전화 (02)325-4944 **팩스** (02)325-4945 **이메일** book@hbooks.co.kr
홈페이지 http://www.hbooks.co.kr **블로그** blog.naver.com/nextwave7
출력·인쇄·제본 현문 **용지** 월드페이퍼(주)

ISBN 978-89-6596-306-6 03180

이 도서의 국립중앙도서관 출판시도서목록(CIP)은 e-CIP홈페이지(http://www.nl.go.kr/ecip)와 국가자료공동목록시스템
(http://www.nl.go.kr/kolisnet)에서 이용하실 수 있습니다. (CIP제어번호 : CIP2019007896)

살아가는 힘이 되는 책 흐름출판은 막히지 않고 두루 소통하는 삶의 이치를 책 속에 담겠습니다.